戴氏心意拳养生功

李强　著

人民体育出版社

图书在版编目（CIP）数据

戴氏心意拳养生功 / 李强著. --北京：人民体育出版社，2021（2021.8重印）

ISBN 978-7-5009-5829-1

Ⅰ. ①戴…　Ⅱ. ①李…　Ⅲ. ①心意六合拳－养生（中医）Ⅳ. ①G852.14 ②R212

中国版本图书馆 CIP 数据核字（2020）第126162号

*

人民体育出版社出版发行
北京盛通印刷股份有限公司印刷
新　华　书　店　经　销

*

850×1168　32开本　4.25印张　101千字
2021年3月第1版　　2021年8月第2次印刷
印数：1,201—2,200册

*

ISBN 978-7-5009-5829-1
定价：26.00元

社址：北京市东城区体育馆路 8 号（天坛公园东门）
电话：67151482（发行部）　　邮编：100061
传真：67151483　　邮购：67118491
网址：www.sportspublish.cn
（购买本社图书，如遇有缺损页可与邮购部联系）

自 序

武术是中华传统文化瑰宝之一，是几千年来中国人技击经验的总结，是中国人强身健体的一种方式，是中国人追求力与美的一种途径，是中国人认识世界的一种方式，是中国人自我修养的一种文化。她以其独特的魅力，吸引着成千上万的爱好者，我便是其中的一员。

本人自幼酷爱武术，习练多年，水平虽然有限，但是却在武术的习练中收获了诸多关于事业、生活和生命的感悟，这些收获也推动着我在武术的道路上继续向前探索追求。自大学毕业以来，始终在以不同的方式寻求传统武术的真谛，寻找那种“艺可通乎神”的高人，追逐“技可近乎道”的梦想。一路走来，虽然也遇到过一些武术名师、大家，但始终由于求学、工作、生活等原因，没有缘分安定下来跟随一位师傅潜心学习传统武术，这成为了心中隐隐的痛。直至2016年的冬天，在一个武术健身公益讲座上得遇师父——穆金桥先生，他是国家非物质文化遗产代表性传承人。师父那效果奇佳的养生功法，令人惊骇的丹田功，变化莫测的推手技艺，和蔼可亲的为人性格，对戴氏心意拳的高深见地，让我为之震撼和钦佩。我当即决定拜穆师傅为师，师父亦欣然应允。真是“众里寻它千百度，得来毫不费工夫”。

戴氏心意拳是国家非物质文化遗产，是一种古朴而神秘的优秀拳种，是三大内家拳——形意拳的母拳。戴氏心意养生功是戴氏心意拳中精华部分之一，其中蕴含着古代一些道家不传之秘，是健身养生的绝妙功法。记得第一次练习戴氏心意养生功时就气感明显，感受到其功法之神奇。在师父的悉心指点之下，经过两年多的学习和演练，身体状态明显改善，感受良多，诸如古书中记载的身体体验和现象开始逐一出现，常常练得身体通透畅快，温暖舒适，精神焕发，真是令人如痴如醉，更深信此功法乃真瑰宝也。正如拳谱所言："静养灵根气养神，养功养道见天真。丹田养就长命宝，万两黄金不予人。"

随着我体验与收获的增多，将它们编撰成书的想法越来越强烈。古人创造了这么优秀的运动文化，我们有责任将其整理出来，让她弘扬于世，造福苍生，助力健康中国。要让更多的人身心健康、快乐地生活，有精力去奋斗，有力量去建设我们伟大的祖国，早日实现我们两个百年目标。也让这种优秀的传统文化随着"一带一路"计划的实施走出国门，走向世界，让世界各族人民都感受戴氏心意养生功中"静"与"柔"之美，体悟人与人、人与自然的和谐真谛，让我国优秀的传统文化散发她应有的光芒，照亮我们内心，也照亮全世界人们前进的道路，走向更和谐、更美好的未来。

由于本人水平有限，书中的论述若有不当之处请各位武术同仁、戴氏心意拳爱好者予以斧正，本人将不胜感激！在探索真理的道路上，从来都是在不断的试错和纠正中完成的，愿我们共同为武术理论进一步系统化、科学化发展而努力！

目 录

第一章　戴氏心意拳的发展与传承

第一节　戴氏心意拳的发展与传承

戴氏心意拳是发源于山西祁县的一种内家拳术。山西祁县古称昭馀，位于晋中地区，东有板山，西有白寺岭，双峰对峙，形成天然关隘，是历代兵家必争之地。因此有许多历史故事发生在这里，有许多的历史名人诞生在这里，造就了山西晋中一带浓厚的文化底蕴。历史上祁县曾涌现出了许多历史名人，如祁奚、王允、王维、温庭筠、王溥、罗贯中、戴廷栻等。到了明末清初时期，晋中大地形成了文化繁荣、商贾渐兴的社会氛围，戴氏心意拳也就诞生在了这片热土之上。古人云“穷文富武”，晋商的发展使晋中人有时间、有资本去学练武术，武术的发展也有力地保障了晋商的健康、有序发展，成就了当时山西特有的晋商文化。戴氏心意拳也在此过程中与晋商结下了不解之缘，留下了“戴隆邦荣得皇马褂”“戴二闾喊镖过沧州”等奇闻美谈。

戴氏心意拳是一种理论丰富而精深、技术高雅而威猛的内家拳术，其拳理顺自然生化之道，遵天人合一之理，循阴阳五行之规，熔佛家、道家、儒家三家功法、理论于一炉；其拳术则步伐诡异、身法独特、象形取意、刚柔相济、神妙莫测，是一门兼具神奇养生功效和强大技击功能的武学体系。戴氏心意拳是中国四大优秀传统名拳之一，也是三大内家拳之一——形意拳的母拳。习练时要求心与意合、意与气合、气与力合，以达到以意导气、以气催力，乃至内外兼修、天人合一的目的。故拳谱有云："养灵根而动心者，武艺也；固灵根而静心者，修道也。"

戴氏心意拳是在戴家拳的基础上历经数代人的研学革新，逐步发展而成的。其拳可追溯到距今大约400年前的明朝嘉靖年间。当时戴氏为祁地名门望族，历代为官，族人文化深厚，多文武全才。戴氏有一位名为戴芝，字伯苗的先辈，在东京（开封）做贸易，结识了多位武林英雄，并学得一些拳艺，使戴家拳初步形成。明万历年间伯苗传子士诚、侄运昌。崇祯年间戴运昌传子廷栻。戴廷栻与清初思想家、医学家傅山先生相交甚密，并从其处习得道家龙门派导引、吐纳功法。后廷栻传子戴云，戴云传族侄戴环、戴玖，环、玖传戴隆邦，隆邦传子文良（乳名大间）、文熊（乳名二间）、文英等，其中文熊为主要传人。戴隆邦与次子文熊在河南赊旗开设广盛镖局，经营重义轻利，为人谦虚好学，经常以武会友。父子二人在戴家拳的基础上博采众家之长，主要学习了河南李祯所传的心意六合拳、山东金世魁的螳螂拳，创立了自家独特风格的拳术——"戴氏心意拳"。李祯（又作李政，字太和，回民）是河南郏县三郎庙人，师承舅父张志诚，为河南心意六合拳大师马学礼的再传弟子。李祯年轻时练功异常刻苦，人称"鸡腿先生"，是承前启后、继往开来的一代心意六合拳宗师，门下成名弟子甚多。戴家拳在学习、融合了李祯所传的心意六合拳后发生了质的飞跃，戴氏父子也名声大振。后来戴文熊将改良的戴氏心意拳又传于侄良栋，良栋传子戴魁、侄鸿勋。戴魁和鸿勋打破“拳不外传”的祖训，传授很多外姓，为第五代弟子。戴魁传王映海、高陞祯、马二牛、岳蕴忠、段锡福、田九元、王步昌等；戴鸿勋传戴桂兰（现已101岁）、段仙、闫敦谨（享年108岁）等。戴魁无后，极重技击，重点传授了心意拳，本书不再赘述。戴鸿勋既传授心意拳，也传授了心意养生功法。段仙传段树祺、穆金桥（笔者师傅）等。近年来习练戴氏心意拳的爱好者逐年增加，已传至第七代、第八代，其分布以山西祁县为核心，辐射至全国，乃至海外。

此外，戴文熊曾传河北李洛能（形意拳创始人，又名李老农），但蹲猴桩等部分核心功法却没有传授。李洛能天资过人，经过多年研练，创出形意拳。他又传授山西太谷车毅斋、宋世荣、刘奇兰等，回河北后又传授了郭云深等。后来形意拳广泛传播，高人辈出，名震华夏，蜚声海内外。

图1-1　戴隆邦故居

图1-2　戴隆邦故居

戴氏心意拳的传承有一条“秘不外传，秘不示人”的家传祖训，故多年来一直仅在本族直系中传授，唯从戴魁和戴鸿勋后始得外传。在传承过程中，自文熊以后的历代传人均不敢修改先师的拳术面貌，也正是由于这种保守和严格，才使得戴氏心意拳保持了原始、古朴的技术风貌，这也正是其难能可贵之处。许多经典传统文化的传承就需要原汁原味。因为近现代人没有了古人使用冷兵器的社会环境，极少有人能像古人那样专研、练习武术，难以达到先师们的水平，自然也就无法进行相应改良、创新，故保持原貌就是最好的传承。

戴氏心意拳原称心意拳或心意六合拳。2002年9月，在祁县成立协会，为了突出戴氏心意拳独树一帜的特点，纪念戴氏先人，改称为戴氏心意拳。2011年5月，戴氏心意拳被列入国家非物质文化遗产名录，正式成为国家重点保护和支持的拳种之一（图1-3），迎来了一个全新的发展阶段。2011年5月，现任山西祁县戴氏心意拳协会会长——第六代传人穆金桥师傅以个人身份成功申报并获得了“国家非物质文化遗产传承人”称号（图1–4）。使戴氏心意拳的传播迎来了快速发展阶段。穆金桥先生近十几年来专心致力于戴氏心意拳的弘扬和发展，广授门徒，四处讲学，交流拳术。曾率队出访韩国、俄罗斯等国，在清华大学讲授心意养生功，广受好评。更有日本资深拳迷到祁县访拳时说：戴氏心意拳是“中国最后的秘密武器”，执意要高薪邀请穆师傅到日本去讲授拳法，被穆师傅婉拒。穆师傅还多次带队参加国内外传统武术比赛和表演，多次荣获金奖。

图1–3　国家级非物质文化遗产——心意拳

图1–4　穆金桥师傅国家非物质文化遗产代表性传承人证书

第二节　戴氏心意拳养生功渊源

戴氏心意养生功是戴氏心意拳中的一部分，其主要源于清朝初年戴廷栻从傅山先生那里学来的道家养生功法。在明朝，戴家是祁县非常有影响力的官宦世家，戴廷栻（字枫仲、补岩，号符公）的曾祖父戴宾曾为直隶大名府通判；祖父戴光启是隆庆辛未进士，官至河南右布政使。其父戴运昌，明崇祯十年（1637）进士，官至户部员外郎。明朝灭亡后，戴运昌不仕新朝而归隐。戴廷栻出生于这样一个官宦之家，喜文尚武，为人豪爽，交际广泛，养成了亦儒亦侠的性格。由于他喜欢研经读史，爱收藏古籍书画，在当时全国的文人圈内享有相当声誉。20岁时，戴廷栻被选拔入太原三立书院读书，与太原名士傅山为同窗学友，并结为莫逆之交，同受业于山西提学袁继咸门下。

戴廷栻生活在明、清朝代更迭时期，社会动荡不安。他喜欢华夏文明，怀念明朝，反对异族统治，憎恨清朝统治者。因此经常秘密与反清复明的仁人志士进行交流往来。为了联络全国各地仁人志士，于清顺治十七年（公元1660年）九月开始在昭馀（今祁县）城内，兴建了一座三间四层，规模宏大的建筑，起名曰“丹枫阁”。傅山亲笔题写“丹枫阁”匾额和《丹枫阁记》文章，还撰有《丹枫阁记》序跋，一匾一记一跋，互为表里，共同构筑了明朝遗民们不灭的反清复明之志，乃至永葆华夏文化之梦。丹枫阁建成后成为明朝遗民秘密活动、饮酒赋诗、发泄悲愤的胜地。戴廷栻与傅山、顾炎武、白孕彩、胡庭、薛宗周、张天斗、李中馥、毕振姬、艾南英、阎尔梅、王士祯、魏象枢、李孔德、阎若璩等来自全国的许多反清志士和文人学者，经常在丹枫阁聚会。丹枫阁一时名满天下，学者仰之如泰山北斗。

傅山是明末清初著名的思想家、书法家、医学家，对易学、经、史、诸子、哲学、医学、内丹、佛学、武学、诗文、书法，绘画、音韵等无所不通，是一位罕见的具有多方面成就的学者，其诗文、书法、绘画、医药皆造诣极高。梁启超先生更将傅山与顾炎武、黄宗羲、王夫之、李颙、颜元一同列为学问及思想界的“清初六大师”。崇祯十七年甲申（1644），傅山38岁，这一年风雨飘摇的大明王朝走到了末路，社会局势发生了翻天覆地的变化。二月李自成攻陷太原，三月进北京，八月清兵入关，此后不久便挥师入晋。傅山反对义军，更反对清兵入关。十月清兵攻占太原，傅山携母避乱寿阳盂县山中，为了保持气节，免遭剃发，方便从事反清活动，傅山到寿阳五峰山龙泉寺拜当时负有盛名的还阳真人郭静中为师，出家为道士，道号“真山”，成为全真教龙门派第六代传人，潜心修习内丹、岐黄之术及内家武功，对炼养之道颇为精通。后又曾师事全真隐修道士卢丹亭真人，尽得丹道炉鼎铅汞要诀。此后，傅山以道人身份行医作掩护，四处云游，联络反清志士，进行秘密的反清活动。

戴廷栻与傅山既是太原三立书院的同窗，又是反清复明的同道，二人结下了深厚的友情，情若手足。在《傅山全书》中收录的信札里，傅山写给戴廷栻的信最多，这些信札可以作为有力的佐证。从信札中可以看出戴廷栻的号“补岩”是傅山先生起的。在傅山家道中落时，戴廷栻给予了傅山全方位的帮助，生活中从买米、买麦、买布、买油、卖字画筹措经费，到提供出游时所用的脚力和牲口，戴廷栻都曾出手相助，有时就像是傅山先生的经纪代理人。戊午（1678）年傅山被举荐参加“博学鸿词科”考试，被迫入京，意外病倒。戴廷栻牵挂千里之外的老友，专门赶到北京看望病中的老友，在京师传为佳话。傅山先生去世后，孙子年幼，戴廷栻到太原主持操办丧事。正是二人这种非比寻常的关系，才使傅山先生生前把道家密而不传的吐纳导引、内丹修炼功法倾囊相授于戴廷栻。傅山传授的功法在戴氏家族里一脉相传，世代研习，对后世的戴隆邦、戴文熊父子创立心意拳起到了巨大作用。他们把这些道家养生修道的功法与自家拳术进行了有效的融合、创新，形成了戴氏心意拳。时至今日，戴氏心意拳依然非常完好地继承着这些内丹养生功法，把它作为学习拳术筑基的养练功法，以单独演练方式延传至今。内丹养生功法是戴氏心意拳的精髓部分之一，也是戴家拳术的不传之秘。

第三节　戴氏心意拳养生功简介

戴氏心意养生功是一种导引术，包含有内功身法、内功心法、内功丹田等重要内容，这些内容也是戴氏心意拳最为经典的内容之一。古人认为习武必先内壮，而后外强，再到技艺超群，最后才能到达玄化神妙、至真至道的最高境界。所谓内壮过程就是要求人在虚静的状态下练习，使真气发动，肾水渐旺，滋养五脏六腑，逐渐达到肾气充足、心肾相交、阴平阳秘、百脉通畅、筋骨强健、神清气爽的良好身体状态。在我国传统拳术中，大都包含一些强身健体的养生功法，如易筋经、洗髓经、混元一气功，以及各派拳术中的桩功等，皆属此类。一些小说、文艺作品中将此类功法称为内功，让人对此充满了神秘之感。事实上这些只是中国古人发现的一些强身健体的锻炼规律而已。这些传统养生功法是武术文化的一部分，也是传统文化的一部分，对我们现代人强身健体，理解与传承传统文化都有着非常重要的意义。

戴氏心意养生功有静功和动功之分。所谓静功是相对于配有步伐移动的动功而言的，静功以原地练习为主，动功需要配合步伐移动进行练习，故这里的静并非不动。文字上虽然略显不够严谨，但先辈们一直这样称呼、沿用、传承，本书不做修改，以免引起歧义。本书重点介绍相对简单易学，而又包含诸多核心内容的静功。

整套静功功法共有九势，每势又分做九次，九九归一，采用胎式呼吸，契合了“后天返先天”“返璞归真”的道家思想。老子曰：“反者道之动也，弱者道之用也。”所谓反者，返也，出则必返。弱者，柔也，柔弱胜刚强。戴氏心意拳及其养生功将这一思想体现得淋漓尽致。养生功始终强调轻柔的运动，“起落如鹅毛沉底”，在至柔至弱的习练中逐步达到拳术所需要的刚劲有力。养生功第一势“吐故纳新”，要求身落呼气，身起吸气；最后一势“童子拜观音”，则要求身落吸气，身起呼气，刚好在呼吸上返回原点，也体现了道家的阴阳互动、循环往复的哲学理念。整套功法舒缓有节，连绵不断，身、心、意、气合一，呼吸配合动作，大束大展，大开大合，能够固养丹田、通经活络、树正扶阳，打通三关达到四梢，让习练者周身血脉通畅、元气充沛、精神焕发，对各种沉疴痼疾均有一定预防和治疗作用，对于各个年龄段的人都大有裨益。若能持之以恒，久久习练，终可达到后天返先天的奇妙境界。

第二章　戴氏心意拳养生功的基本原理

第一节　丹田

自古以来中国人对人体的认识就有别于西方，丹田和经络都是极具代表性的一部分。其中的丹田，早期是道教教士修炼身体时所使用的术语。在历史的岁月中，中华武术的发展深受道教和佛教的影响，许多道家与佛家的文化与思想都融合其中，丹田就是其中一例。丹田被广泛应用于各种门派的武术、气功的习练理论和方法中。通常有下丹田、中丹田、上丹田之说（图2-1）。下丹田位于脐下三寸关元穴之腹内，被视为“藏精之府”；中丹田位于两乳中间的膻中穴内，被视为“藏气之府”；上丹田在眉心印堂内，被视为“藏神之府”。古人称精、气、神为三宝，视丹田为贮藏精气神的所在，因此很重视丹田的意义，把它看作是“性命之根本”。三者之中，下丹田为武术理论引用得较多。

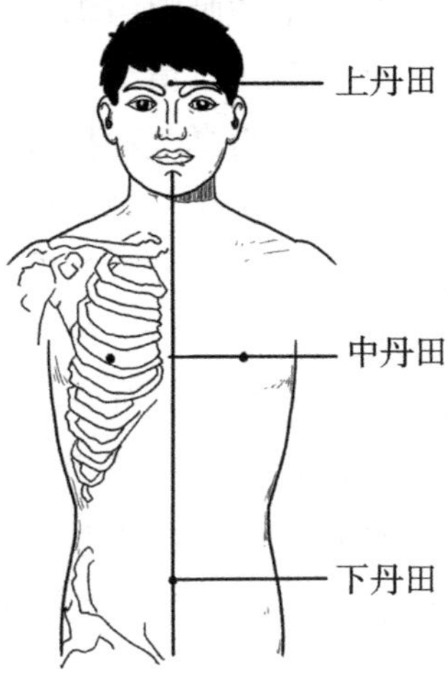

图2-1

中国古人认为下丹田与人体的生命活动关系最为密切，它位于人体的中心，是男子藏精、女子养胎的地方；是人体的任脉、督脉、冲脉三脉经气运行的起点。古书《难经》中认为：下丹田是“性命之祖，生气之源，五脏六腑之本，十二经脉之根，阴阳之会，呼吸之门，水火交会之乡”。中医理论也认为“人的元气发源于肾，藏于丹田，借三焦之道，周流全身，推动五脏六腑的功能活动。人体的强弱，造化之机全赖丹田真气之盛衰”“真气来源有二：一为先天禀受于父母，受母体气血生育，藏于肾中。二为后天从食物中吸收的水谷精气转化而来”。[①]这些真气是人体维持生命活动最基本的物质，是其他各气的根本，随经脉不断地运行全身，而起到营养全身的作用。它还有变化产生血液、温养全

①付国兵，戴晓辉. 振腹推拿［M］. 北京：中国科学技术出版社，2018，95.

身组织、抗拒外邪侵扰、推动脏腑组织等功能。而人的机体运转，日常工作、生活、劳作、情绪波动、适应环境变化、修复创伤等都要消耗真气，当真气耗损过多时人体就会出现各种各样的问题，乃至形成疾病。中国传统武术理论深受中医理论影响，也强调丹田是真气升降开合的枢纽，是锻炼、汇聚、储存真气或能量的重要部位。气功养生家也认为，人体的强弱、生死存亡，全赖丹田元气之盛衰。通过对下丹田的锻炼能够调节阴阳，沟通心肾，疏通八脉，恢复先天之生理机能，激发体内的能量物质，提高整体代谢机能，对充实人体下元、防止早衰、健身延年有重要作用。所以历代中医、武术家、养生家都非常重视保养、锻炼丹田元气。

19世纪中期，德国精神病学医生莱奥波德·奥尔巴赫，在一次用显微镜观察被切开的内脏时，惊奇地发现肠壁上附着两层神经细胞和神经束组成的薄如蝉翼的网状物。1907年，美国医学博士拜伦·罗宾逊正式出版《腹部和盆腔脑》理论专著。[①]拜伦·罗宾逊认为：在人体两肾之间的腹部和盆腔内有一张游离的神经网，是一种继发性脑，可称为“腹脑”，它负责调节内脏功能（节奏、吸收、分泌和营养）。这是人类第一次从现代解剖学的角度来认识腹脑的存在。1993年，中国脑外科医生王锡宁也发现了人体躯干内的腹脑，他提出：“传统意义上的人其实是由两个上下、内外反向对称的身体构成的，以颈部为界分别称为颈上人与颈下人。”[②]颈上人的脑室管腔与颈下人的消化管腔解剖系统构成存在严格的对称性。此外，他还发现人体的泌尿、生殖、骨骼、循环系

①付国兵，戴晓辉．振腹推拿［M］．北京：中国科学技术出版社，2018，68.

②王泽文，王锡宁．腹脑研究概况［J］．科技信息，2008，6：252.

统解剖构造形态在颈上人与颈下人之间也存在有严格的对称性。1998年，美国哥伦比亚大学解剖学和细胞生物学教授迈克尔·格肖恩出版了他的理论专著《第二大脑》。迈克尔·格肖恩认为，每个人都有第二个大脑，它位于人体胃肠道组织的褶皱中，大约由1000亿个神经细胞构成。第二大脑能独立于大脑进行信号交换，甚至能像大脑一样参加智力活动，在大部分情况下，第二大脑独立发挥着自己的功能。①从位置和功能看，腹脑与中医理论中的丹田都有着一定的相似之处，但也有许多不同之处，还不能证明丹田的存在。

尽管直到目前，现代解剖学和医学依然缺乏有力的证据证明丹田的存在，但是实践告诉我们，通过天长日久的正确练习，如意守丹田、均匀细长的腹式呼吸等，就能够体验到先师们所描述的丹田充盈、经络渐通的各种感觉，无数的习练者也都通过这些练习获得了健康的身心和强健的体魄。至于丹田是如何发挥作用的还有待于未来科学的发展，进一步探索、研究，再揭开它神秘的面纱。

由于戴氏心意拳中主要强调了下丹田练习和运用，故本书后面所说的丹田皆指下丹田。

戴氏心意拳十分重视对丹田的训练和运用，这也是戴氏心意拳最突出的特点之一。它认为通过对丹田气的养练，能使人精气充足，身法快捷，促进体内的气血循环，上下贯通，打开任督二脉，直至打通大周天，形成气血大循环，使功力倍增。故有“练成丹田混元气，试看天下谁能敌”之说。戴氏心意拳的初学者一般很快就会体会到丹田有热胀之感，如有气在内翻腾；接着会有丹田膨大之感；再后来丹田

①王泽文，王锡宁. 腹脑研究概况［J］. 科技信息，2008，6：252.

会在不同方向上带动身体的运动；到了高级阶段，丹田就会具有灵性，能够“躲避来访之敌，亦能抗拒来访之敌”。其核心的功法就是蹲丹田，又称蹲猴桩、蹲猴猴。此外还有多种练习丹田的方法，如搬丹田、砸丹田、滚丹田、射丹田、奔丹田等功法，这些都是针对丹田的直接训练，也是戴氏心意拳中主要的身法练习手段，更是戴氏心意拳强身健体之精华所在。在戴氏心意拳的养生功法功中主要练习蹲丹田、射丹田、搬丹田（在动功中），这些功法动作虽相对简单，但道理是深刻的，从小处而言，可强身健体，修身正己；从大处而言，可明理悟道，谋事谋局。丹田养练的重要性正如拳谱所云：“静养灵根气养身，养真养道见天真。丹田养久长命宝，万两黄金不予人。”

前文中指出中国古人认为丹田是极为重要的人体部位，戴氏心意拳养生功正是紧紧地抓住了丹田这一核心部位，围绕着丹田展开了多种多样的练习。这些练习动作不仅使身体在空间三个维度上运动、收展，更使丹田在多种维度上得到了练习。这在其他导引养生功法中十分罕见，因此我们有理由相信戴氏心意养生功是一种上乘的养生、健身功法。

第二节　阴阳

阴阳学说是中华民族最重要的哲学思想之一。它认为宇宙间一切事物的发生、发展和消亡，都是事物阴阳两个方面不断运动和相互作用的结果。它用“阴阳”二字来表示万物两两对应、相辅相成的对立统一，即阴阳统为一体，既相互对立，又相互转化。也就是《老子》所谓“万物负阴而抱阳”；《易经》中所谓的“一阴一阳之谓道”。因而，阴阳学说也是人类认识和掌握自然界规律的一种思维方法。

中医理论中大量地运用了阴阳理论阐述了人体的生理活动，以及疾病与健康的关系。如：就性别而言，男为阳，女为阴。就身体而言，体表为阳，内脏为阴；腹部为阴，背部为阳；上为阳，下为阴。对内脏而言，六腑属阳，五脏为阴。对五脏而言，心肺在上属阳，肝肾在下属阴。对肾而言，肾所藏之“精”为阴，肾的“命门之火”属阳。中医认为健康人的阴阳常处于相对平衡状态，如果一方“消长”超出一定的限度，便将出现阴阳某一方面的偏盛、偏衰，导致疾病的发生。故中医理论认为治病的根本就是帮助病人调节阴阳，使其达到平衡的过程，阴阳平衡的人就会身体健康。导引养生功就是为了促进人体阴阳平衡而创编的，戴氏心意拳养生功亦是如此。

戴氏心意拳主要以动作和气息的变化来引导阴阳的变化，促进阴阳的互生，形成阴阳的平衡，从而达到强身健体之功效。在戴氏心意拳的动作中，静则为阴，动则为阳；上升为阳，下降为阴；展则为阳，缩则为阴；仰为阳，俯为阴；正为阳，侧为阴。拳术中动作束展、伸缩、升降、仰俯、侧正、曲直，变化多端，同时势势相连、连绵不断；在动中寻静，在静中找动，动静结合；阳尽复转阴，阴尽复转阳，阴阳互生，生生不息。不断的运动带动了阴阳不断转换、互生，逐渐实现身体的阴阳平衡。在呼吸中，吸则为阴，呼则为阳；“盖阳气上升为阳，阳气下降为阴；阴气下降为阴，阴气上升为阳”。呼吸不停，循环不止，阳以滋阴，阴以滋阳，阴阳逐渐达到平衡。在练习环境方面，戴氏心意拳也遵阴阳之理，合道家采补之说，认为男性在练习时应背对太阳、月亮，采自然之阴补己之阳；女性在练习时应面对太阳、月亮，采自然之阳补己之阴。

第三节　周天与经络

道家养生功法认为，人随着年龄的增长，欲念逐渐增多，为了实现各种目标、想法而耗损精气，致使精气不足，必须用先天元气温煦它，使后天精气充实起来，重返先天精气，这样才可防病祛病，延年益寿，这也是我们练习养生功法的目的。气血的运行是循着人体的经络进行的，在人体内形成闭合的回路，俗称周天。周天是道家功法惯常用语，可分为大、小周天。小周天是指气血沿任、督二脉循环一周，即内气从下丹田出发，经会阴，过肛门，沿脊椎督脉上行，通尾闾、夹脊和玉枕三关，到头顶泥丸，再由两耳颊分道而下，会至舌尖（或至迎香，走鹊桥），与任脉相连接，沿胸腹正中下还丹田。因其范围相对较小，故称小周天（图2–2）。

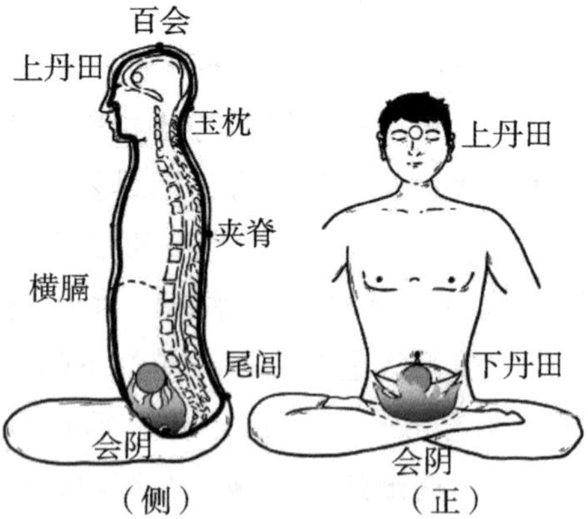

图2–2　小周天与丹田

大周天的循环路线各家功法的描述有所区别，但核心都是以任督二脉和十二经脉为主。

人体内经脉一般可分为十二经脉，对称地分布于人体的两侧。它内属于腑脏，外络于肢节。手足三阴经在手臂、腿足内侧，属脏；三阳经在手臂、腿足外侧，属腑。手三阴经包括手太阴肺经、手厥阴心包经、手少阴心经；足三阴经有足太阴脾经、足厥阴肝经、足少阴肾经；手三阳经包括手阳明大肠经、手少阳三焦经、手太阳小肠经；足三阳经有足阳明胃经、足少阳胆经、足太阳膀胱经。十二经脉的走向和交接有一定规律。《灵枢·逆顺肥瘦》说："手之三阴，从胸走手；手之三阳，从手走头；足之三阳，从头走足；足之三阴，从足走腹。"即：手三阴经从胸腔走向手指末端，交手三阳经；手三阳经从手指末端走向头、面部，交足三阳经；足三阳经从头、面部走向足趾末端，交足三阴经；足三阴经从足趾走向腹、胸腔，交手三阴经，这样就构成一个"阴阳相贯，如环无端"的循环径路。

戴氏心意拳养生功法强调在安静、放松、专注的状态下，通过意念的引导，轻柔、缓慢地运动，逐渐疏通经络，在丹田聚集能量，直至打开周天循环，逐步实现"练精化炁，练炁还神，练神还虚"。根据先师们的感受和经验，戴氏心意拳养生功能够直接打通大周天。其路线如下：

大周天的循环路径为：下丹田——尾闾——命门——夹脊穴——玉枕穴——百会穴——鹊桥——喉头——膻中穴——丹田——尾闾——大腿阳经——绕足——大腿阴经——会阴穴——下丹田。

这条循环路线与李谨伯在《呼吸之间》中所介绍的路线基本一致。大周天"运行路线为起自尾闾——绕环跳——

走大腿阳经而下——绕足——脚跟——大腿阴经而上——会阴——下丹田——尾闾——督脉——夹脊——玉枕——百会——山根——承浆——廉泉——喉——膻中——脐——下丹田——尾闾——绕环跳——走大腿阳经而下——绕足——走大腿阴经而上——会阴——下丹田”。

从上面两条循环路径看，后者阐述得更为详细，他们的运行路线是一致的，只是起点有所差异。笔者认为这或许是由于论述方法、要表达意义有所不同而造成，也可能是因为练习的功法不同，身体条件不同，导致身体最先产生反应的部位有所不同，总结的运行起点也稍有差异。总之，不管什么原因，起点不同并不重要，重要的是循环的路径是一致的，对于练功健身就没有妨碍。

拳谱中配有道家秘传歌诀《周天法》作为练习指导。具体如下：

紧撮谷道内中提，尾闾一起皱节骨。
玉枕难过目视鼎，来到丹田存消息。
往前又是雀桥路，十二时中降下池。
锁住心猿拴意马，要到丹田海底基。
一时快乐无穷尽，返本还原心自知。
久练自成金刚体，百病皆除如童子。

在动作方面，戴氏心意拳养生功中许多动作都是循经而行、对穴而动的，诸如提肛、含胸、裹胯、翘趾、仰头、目视鼎、搭鹊桥等。

提肛是古代诸多养生功法中常见的动作之一。古人认为肛门是人经络通行之要道，微微提肛可以促进经络的疏通，同时保证养练之元气不外泄，是实现“炼精化气”的关键秘诀。同时，提肛的动作不仅仅是肛部周围肌肉运动，还会带动会阴穴和前阴部肌肉的运动，会阴穴恰恰是人体经络的会聚经过重要之处，前阴部则是人的生殖要地。由于提肛运动是整个躯干底部肌肉的收缩运动，对人体躯干下部的各个器官都有养生保健的功效。中医理论认为，提肛可以促进会阴部的静脉血回流，使前列腺充血减轻、炎症消退，对于预防和辅助治疗前列腺疾病、改善性能力都有很大帮助。经常练习提肛对中老年人易患的痔疮、肛裂、脱肛、便秘、大小便失禁、慢性结肠炎等均有较好的防治效果。含胸这一动作是胸部凹陷，胸肌放松，任脉更容易下降至丹田；含胸同时肩背部撑开，刺激夹脊穴打开，使气血能够顺利通过。裹胯是命门后撑，尾闾前提，反复裹胯会按摩命门和肾俞穴，把命门穴打开，上下贯通。同时练习了丹田的起落翻滚，逐步实现激活、养练丹田目的。裹胯还可激活肾水，水气上行与含胸时降下的心火相交，形成心肾相交、阴阳相交，达到固本培元、强身健体目的。脚趾是脾、胃经络循行的起点和终点，刺激脚趾可以提升人体的阳气，保健脾胃，提高人体抵御寒邪的能力。脚底的涌泉穴则是肾经中第一重穴，它联通肾经的体内、体表经脉，肾经的经水由此外涌而出体表，桩功或养生功法练习过程中热多由此生，循经而上，有如温水泡脚之感。因此养生功中的翘展脚趾和弯曲脚趾抓地动作不仅疏活人脚趾脾胃经络，也能在肌肉运动中刺激足下涌泉穴打开，有生阳健肾之功效，对实现周天循环很有帮助。仰头和微收下颌、目视顶的动作则是不断刺激三关之一的玉枕穴，使气血循环到此时能够顺利通过，在此狭窄通道不至于过度受阻。搭鹊桥是连通任督二脉的关键动作。舌乃心之苗，舌搭鹊桥，可使心神易定，做事专心。当练功达到一定境界时，口腔内自会生出一种不同于唾液的液体，此为“生津”。口水多时要吞咽下去，用意念送入下丹田，此为“吞玉液”。久“吞玉液”就会实现养胃、滋肾、平心的功效。

此外，在养生功的第四势（两手护肾不离肋），双手是引导意念循带脉来回运动，第六势（打通三观达四梢）的双手则多以大周天循环路线向下运动的。由此可见戴氏心意拳养生功是从意念到动作都十分注重经络的疏通和周天循环的锻炼。故拳谱有云：“天君居宝座，意念运周身。后升与前降，循环莫时停。华池生玉液，过关如雷鸣。修持莫间断，玄妙难以容。”

第四节　呼吸

呼吸是指机体与外界环境之间气体交换的过程，一呼一吸承载着生命的能量。人从出生开始就无时无刻不在进行呼吸，一旦呼吸停止，也就意味着生命的结束，因此呼吸对人维持生命存在具有至关重要的意义。呼吸既是人的一种正常生理现象，同时又是重要的养生之道。中国古人很早就学会了利用呼吸进行养生保健，认为“呼吸到脐，寿与天齐”。他们创造了许多独特的呼吸健身法，如“腹式呼吸”“六字诀”“龟息”“气沉丹田”“胎息”等。唐代名医孙思邈对腹式呼吸尤为推崇，他每天于黎明至正午之间，仰卧于床上，舒手展脚，先数数叩齿饮玉浆（唾液），然后进行均匀细长的腹式呼吸练习。这种深呼吸，使人吐故纳新，神清气爽。明代医学家冷谦在《修龄要旨》中写有养生十六字令：“一吸便提，气气归脐；一提便咽，水火相见。”包含了提肛、咽津、腹式呼吸三种保健练功方法，这也是他祛病健身延年的秘诀。戴氏心意拳养生功中也包含有提肛、咽津、腹式呼吸等内容，本节重点介绍腹式呼吸。

通常我们的呼吸可以分为胸式、腹式和胸腹混合式呼吸三种。胸式呼吸是指主要以肋间肌活动为主，引起胸廓的前后、左右直径增大的呼吸运动；腹式呼吸是以膈肌收缩为主，使胸廓的上下直径增大，表现以腹部的起伏为特点的呼吸运动。通常成年人的呼吸一般都是混合式的，但女性偏重胸式呼吸，男性偏重腹式呼吸。胸式呼吸时，只有肺的上半部肺泡在工作，占全肺五分之四的中下肺叶的肺泡却在“休息”状态。中下部肺叶如果长时间得不到锻炼，就容易使肺叶老化，弹性减退，肺活量减小，呼吸功能变差，无法获得充足的氧，影响机体的新陈代谢，机体抵抗力下降，并易患呼吸道疾病。

腹式呼吸分为顺、逆两种。顺腹式呼吸吸气时，横膈肌收缩下降，胸腔随之向下扩大，肺部扩张，空气吸入肺部;呼气时，腹腔壁的肌肉收缩，产生腹压，把吸气时被横膈肌挤下的内脏向上推回，使横膈膜上升回到原位，以挤压肺部，将原来吸入的经过气体交换后的气体排出体外。逆腹式呼吸与顺腹式呼吸刚好相反，吸气时腹肌收缩，腹壁回缩或稍内凹，横膈肌随之收缩下降，使腹腔容积变小；呼气时腹肌放松，腹壁隆起，横膈肌上升还原，使腹腔容积变大。逆腹式呼吸也称为拳式呼吸或意识呼吸。横膈肌的运动会加大肺通气量，生理学研究认为一般成人横膈上下一厘米，即可增加肺通气量250~350毫升。经观察腹式呼吸可以增加横膈的上下活动幅度，通过一定时期的锻炼，一般可使活动幅度达3~5厘米。这样就大大增加了肺通气量，加强了呼吸功能。因此，腹式深呼吸是健肺的好方法，不仅能够进行充分的气体交换，为机体提供更多的养分，而且可使肺叶中下部的肺泡在换气中得到锻炼，从而延缓老化，保持良好弹性，防止肺的纤维化，有利于呼吸系统的健康。此外，腹式呼吸运动对胃肠道是极好的调节，能促进胃肠道的蠕动，利于消化，加快代谢物的排出，预防老年人习惯性便秘等疾病。许多中老年人大腹便便，极易引起心脑血管病、糖尿病等，使健康受损，缩短寿命。如坚持做腹式深呼吸，既可锻炼腹肌，消除堆积在腹部的脂肪，又能防范多种代谢性疾病的发生。

在中国古传丹道修习方法中，有着多种呼吸方法。当代丹道高人李谨伯先生翻阅了大量古籍秘著，结合自己的多年修炼感悟，编撰了《呼吸之间》一书。书中总结了众多古代丹道修炼的呼吸方法，有延长吸气法、延长呼气法、腹式深呼吸法、吸闭呼气法、呼闭吸气法、肛呼吸法、锁颈呼吸法7种呼吸法。这些呼吸法大多强调呼吸要均匀、细长、深入，认为这样不仅能够有效地促进人的身体健康，还能有效引领人的心情进入一种安静、祥和的状态，促进真气运行，疏通经络，推动人体周天循环的实现。[①]洛克菲勒大学生化、医学双博士杨定一先生在《真原医》中指出，俄罗斯专家认为人体最理想、正确的呼吸方式，应该像海豚一样呼吸，即呼吸时吐气尽量拉长。俄罗斯专家还研究了许多训练呼吸的技术，亲身体验的几十万人中，有气喘、过敏、高血压和多种慢性病的人，都得到不可思议的改善效果。故研究认为“利用腹式呼吸，身体内的能量不但能够增加，且能够改善许多慢性病，降低身体体温，达到促进健康的效果。”[②]

①李谨伯. 呼吸之间（增订版）［M］. 北京：华夏出版社，2013：133–136.

②杨定一. 真原医［M］. 台北：天下生活出版股份有限公司，2018：141.

我国拳术演练也十分重视呼吸的运用，一些快速演练的拳种为了适应其蹿、蹦、跳、跃等动作的需要采用胸式呼吸；而太极拳和其他内家拳等大都采用腹式呼吸。形意拳大师郭云深先生更是细致地将呼吸分为三个层次，第一层自然呼吸，即舌抵上腭，“口似开非开，似合非合，呼吸任其自然，不可着意于呼吸，因手足动作合于规矩，是为调息之法则，亦炼精化气之功夫也”；第二层是丹田呼吸，即“着意于丹田之内呼吸也，又名胎息，是为炼气化神之理也”；第三层“呼吸若有若无，勿助勿忘之意思，即是神化之妙用也。心中空空洞洞，不有不无，似有非有，是为无声无嗅，还虚之道也。”①前文说过，戴氏心意拳为形意拳之母拳，故呼吸之法与形意拳基本相同，也可分为三层境界。戴氏心意拳养生功法强调初学者应主要采用自然呼吸的方法进行练习，不要憋气，呼吸顺畅为主，随着练习的深入逐渐把呼吸与动作的开合配合顺畅，气息拉长，此为第一层境界的呼吸之法。当练习进入熟练阶段后，逐步改用顺腹式呼吸，即意想用小腹的鼓缩来呼吸，同时呼吸要均匀、细长、柔和，此为第二层境界的呼吸之法。当练习达到高深境界时呼吸若有若无，无声无息，勿助勿忘，身心亦有如进入虚化之境，若有若无，周身舒畅，似与自然融为一体，此为第三层境界之法，亦为上乘呼吸之法。丹道功法中记述最高境界的呼吸方法是“体呼吸（用毛发呼吸）”“胎息”和“止息”。戴氏心意拳养生功来源于道家丹道功法，据说最高境界的呼吸也是如此。此等功法笔者未曾亲见，不敢予以评述。需要说明的是戴氏心意拳养生功中没有逆腹式呼吸，而戴氏心意拳在

①孙禄堂. 孙禄堂武学录［M］. 北京：人民体育出版社，2001：288.

进行搏击训练时则会采用逆腹式呼吸。

由于戴氏心意拳养生功中运用了腹式呼吸，如果练习者是初学者，可专门进行腹式呼吸的练习，并在动作熟练后，逐步运用到养生功的练习中去。练习者可把注意力放到腹部，把腹部当皮球，顺腹式呼吸时用鼻吸气使腹部隆起吸满。略停一两秒后，经口呼出至腹壁下陷。逆腹式呼吸，则用鼻吸气时腹部收缩，胸部扩大吸满，微微提肛，略停一两秒后，经口呼出时腹部鼓起。每次练习持续5～15分钟即可，每分钟大约呼吸五六次为宜。腹式深呼吸简单易学，站、立、坐、卧皆可随时练习。

第五节　六合

古人喜欢用“六合”来准确的形容身体的协调一致，合理利用身体进行运动。“六合”可分为内三合与外三合，心与意合、意与气合、气与力合，此为内三合；手与脚合、肘与膝合、肩与胯合，此为外三合。左手与右脚相合，左肘与右膝相合，左肩与右胯相合，反之亦然。在练习养生功的过程中只有做到了这“六合”，才能使动作协调自然，发力顺畅，浑然一体。

第六节　五行

五行是指金、木、水、火、土。内对五脏，外应五官。心主火，肝主木，脾主土，肺主金，肾主水。周身五行相克，心属火，肘部属水，水能克火，肘部能克心；指腹属火，发齐属金，火能克金，指腹能克发齐；膝属土，阴囊属水，土能克水，膝能克阴囊；足心属火，三里穴属金，足心能克三里穴。

拳谱云：拳者，即捶以言势，势以言气。人得五脏以成形，即由五脏而生气，五脏实为性命之源，生气之本，而名为心、肝、脾、肺、肾。心属火而有炎上之象，肝属木而有曲直之形，脾属土而有敦厚之势，肺属金而有从革之能，肾属水而有润下之功，此乃五脏质义，而由准于气者，以其皆各有所配合焉，凡世之讲拳术者要不能离乎斯也。其在于内，胸为肺经之位，而肺为五脏之华盖，故肺经动而脏不能不动也，两乳之中为心，而护以肺，盖心居肺之下，胃之上。心为君火，心火动而相火无不奉命焉。两肋间，右为肝，左为脾，背脊十四骨节为肾位，分五脏而总系于脊。脊通一身骨髓，而腰为两肾之本位。故肾为先天之一，尤为诸脏之根源，故肾水足，金木水火土，咸有生机，此论五脏之部位也。然五脏之存于内者，虽各有其定位，而机能又各具于周身，颈、项、脑、骨、背皆肾也，两耳亦为肾，两唇两腮为脾，而发则为肺，天庭为六阳之首，而萃五脏之精华，实头面之主脑，不啻为一身之座督矣。印堂者阴阳胃气冲，天庭性起，机由此达，生发之气，由肾而达于六阳，实为天庭之枢机也。两目皆为肝，细泽之上包为脾，下包为胃。大角为心经，小角为小肠，白则为肺，黑则为肝，瞳则为肾，实为五脏精华所聚，而不得专谓之肝也。鼻孔为肺，两颐为肾，耳门之前为胆经，耳后之高骨亦肾也。鼻为中央之土，万物滋生之源，实为中气之主也。人中乃血气之会，上冲印堂达于天庭，而为至要之所，两唇上下为承浆。承浆之下为地阁，上于天庭相应，亦肾位也。领顶颈项者，五脏之导途，气血之总会。气血之道，前为食气出入之道，后为肾气升降之途。肝气由之而左旋，脾气由之而右旋，其系更重，而为周身之要领。两乳为肝，肩窝为肺，两肘为肾，四肢为脾，而十指则为心、肝、脾、肺、肾。膝与胫皆肾也。两脚跟为肾要，涌泉为肾穴。大约身之各部，突者属心，窝者属肺，露处属肾，筋之联络处皆为肝，肉之厚处属脾。象其意，则心如猛虎，肝为箭，脾气爆发似雷电，肺经翕张性空灵，肾其伸缩劲如风。其用为经，制经为意，临敌应变，不识不知，手足所至，若有神会，询非笔墨所能预述者也。至于生克制化，虽有长论，而究其要领，自有统会。五行百体，总为一元; 四体三心，合为一气，奚断，断之于一经一络，节节而之哉。

第七节　三节

拳谱有云：“故气有所发，则梢节动，中节随，根节催。然此乃按节分言者，若和而之则上至头顶，下至足底，四体百骸，总归一节，何三节之有。又各有三节之，出手三节既明而内劲发动之脉络，即可知矣……然肩胯之劲源于身，身之劲源于丹田，故丹田之劲为内劲之总渊源也。”

三节是先师们把身体分为多个不同的三部分组合，形象地描述练拳过程中的发力和运动规律。就全身而言，手肘为梢节，腰腹为中节，腿足为根节。分开看，三节中亦有三节，可分为九节。如梢节之三节，则手为梢节，肘为中节，肩为根节。中节之三节，则头为梢节，心为中节，丹田为根节。根节之三节，则足为梢节，膝为中节，胯为根节。总而言之，人体由206块骨骼构成，从头到脚，有若干个三节构成。在练习戴氏心意拳养生功的过程中，其三节运动规律为，根节带中节，中节带梢节，形成节节贯穿。身体总的劲力发于丹田，丹田催身，身带肩胯，肩催手肘，胯带膝足，一动俱动，浑然一体。

第八节　脊柱锻炼

脊柱是人体的支柱。它由椎骨、韧带、脊髓等组成，具有支撑身体、保护脊髓及其神经根的作用。在运动中有协调发力、平衡身体、减少震荡、传递信息等重要作用。现代医学与中医理论都认为，脊柱的锻炼与保护，对于促进身体健康有着极其重要意义。

首先看脊柱的发育与构成。人的脊柱形态从小到成年是一点点变化的，如脊柱形态变化图所示（图2-3）。胎儿和新生儿的脊柱形状像一个半椭圆的弯弧，有轻微的后凸；3个月左右时颈椎出现前凸，婴儿开始会抬头；6个月后出现胸椎后凸，婴儿能坐；1岁左右出现腰椎前凸出，婴儿开始行走，这种脊柱自然弯曲在6～7岁时为韧带所固定成S形。生理弯曲的形成与直立姿势有关，是人类的特征，有加强脊柱弹性重要的作用。成年人的脊柱由26块骨骼构成：颈椎7节、胸椎12节、腰椎5节、骶骨1块、尾骨1块；有四个生理弯曲：颈椎曲度向前、胸椎曲度向后、腰椎曲度向前、骶骨曲度向后、尾骨向前。因此脊椎从正面看是一条直线，从侧面看呈两个S的形态（图2-4）。椎骨之间通过椎间盘、韧带及肌肉群，相互衔接在一起。正是脊柱这种节状、S型的特殊结构，使人类能够适应直立行走，能够进行许多复杂的运动。

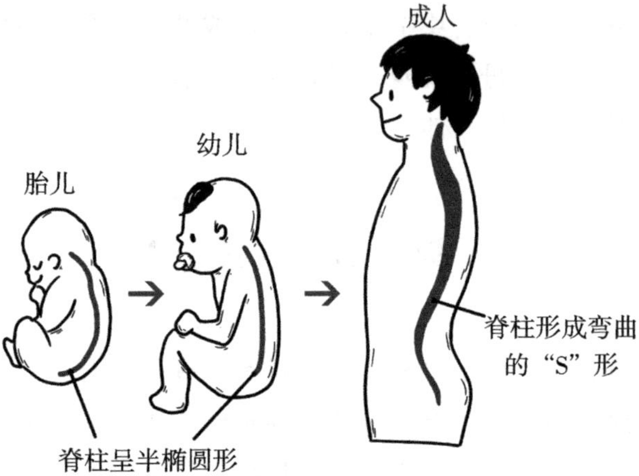

图2-3　脊柱形态变化图

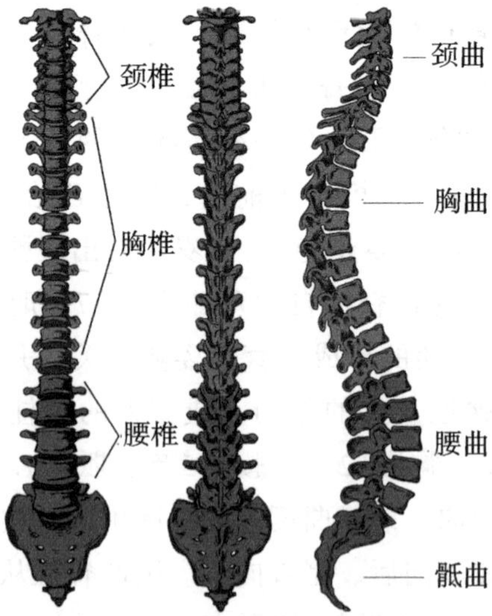

图2-4　成年人脊柱结构图

椎骨中间是脊髓，上连脑，下接内脏和四肢等人体其余所有部位，是人体神经的大通道。脊神经共有31对，分别为8对颈神经、12对胸神经、5对腰神经、5对骶神经和1对尾神经。每对脊神经都有前根（运动）和后根（感觉）同脊髓的相应节段相联系。脊神经中含有躯体传入、躯体传出、内脏传入和内脏传出神经纤维。其中颈椎神经主要连接着脑下垂体、头部神经、眼、耳、鼻、口腔、咽喉、颜面、肩颈及上肢的神经；胸椎神经主要连接着支气管、肺、胸腔、心脏、胃、肝、胆、肠、脾、胰、肾等脏器的神经；腰椎和骶骨的神经主要连接着大肠、膀胱、生殖器官、泌尿器官、臀部及下肢的神经（图2–5、图2–6）。

脊柱是人体的中轴，它最重要的作用是支承体重。颈部脊柱承受的是头部的重量；胸部脊柱承受颈部脊柱的重量以外，还承受胸廓和胸腔器官及上肢的重量；腰部脊柱承受以上重量以外，还承受腹壁和腹腔内器官的重量；骶骨则承受以上所有重量，并将以上重量传递给骨盆，然后依次向下传递给腿骨，直至胫骨和足。脊柱的第二个重要作用是运动功能。构成脊柱的椎骨之间有两种连结形式，即椎体之间有椎间盘，椎弓之间有椎间关节。这两种形式的连结使脊柱能够进行前屈、后伸、侧屈和旋转等运动。脊柱的第三个重要作用是保护作用。脊柱内有椎管，容纳脊髓并保护脊髓。而且连于脊髓的31对脊神经都经过椎间孔出椎管并受到脊柱的保护。脊柱与肋骨共同形成体腔，形成了对内脏器官的保护。人体在直立状态下运动时，脊柱的节状结构和四个生理弯曲能够大幅减少振动，保护脑和内脏。脊柱的第四个重要作用是造血作用。人出生以后全身骨内的骨髓都是红骨髓，等到5岁以后全身骨内的大部分骨髓转变成黄骨髓，不再造血，

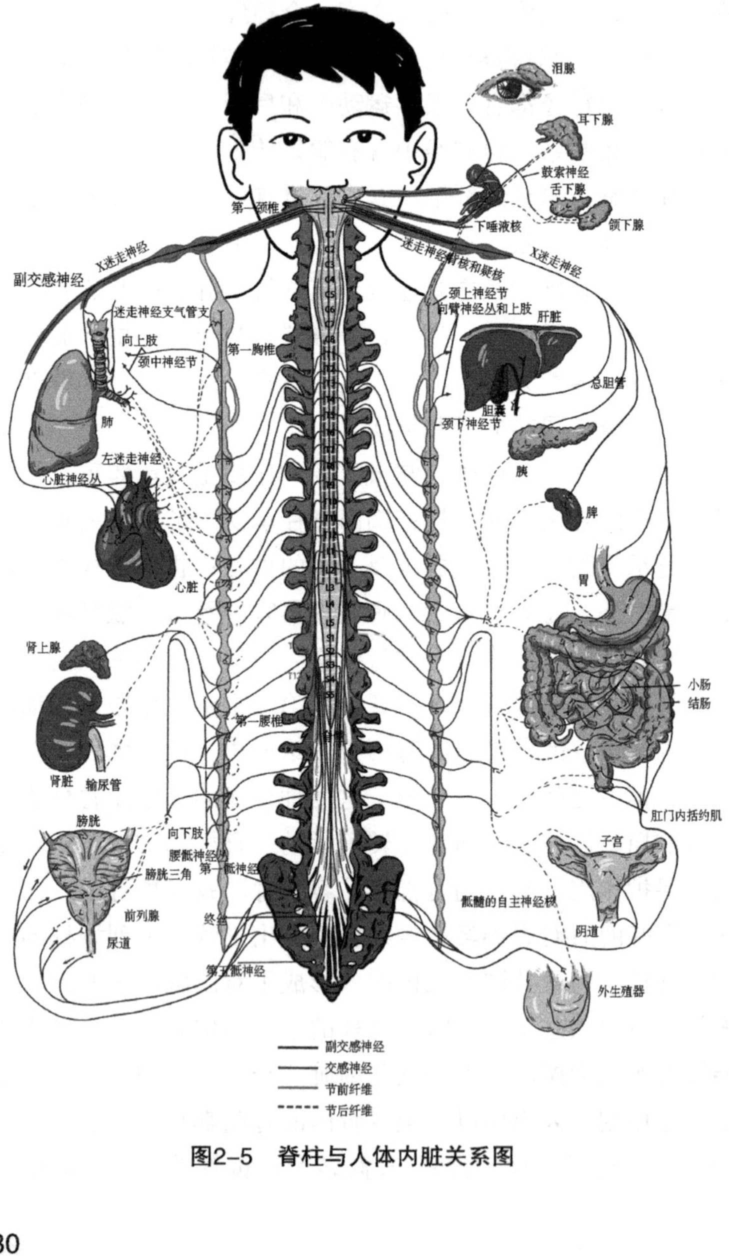

图2-5 脊柱与人体内脏关系图

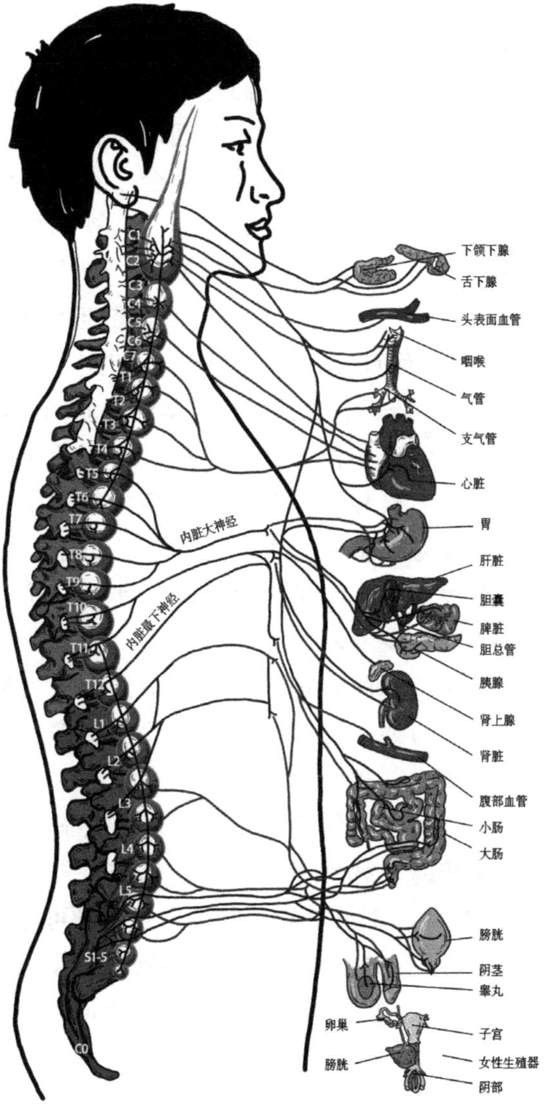

图2-6　脊柱与人体内脏关系图

但股骨近侧端、肱骨近侧端、髂骨以及椎骨内的骨髓仍然保留红骨髓继续造血。

据此可以看出，脊柱健康对人体的健康具有非比寻常的意义。在现实生活中，我们却常常由于不正确使用脊柱，造成脊柱损伤。比如我们长时间以不正确的姿势看电视、用电脑、伏案工作、学习等，都会一定程度地对脊柱造成慢性损伤。中医理论告诉我们："久视伤血，久卧伤气，久坐伤肉，久立伤骨，久行伤筋。"即人体如果保持一个姿势或一个动作久了，就容易气血滞涩不行，停于局部。长此以往就会伤身，甚至形成疾病。此外，人们常常由于其他工作的过度劳累、急性扭伤、运动中肌肉力量不足等原因，也会造成各种各样的脊柱疾病。脊柱的疾病中最常见的是腰椎间盘突出和颈椎病，这类疾病的初期往往症状并不明显，很容易被患者忽视，可一旦严重了，去看医生时就很难彻底根治了。中医通过长期的实践总结，得出了下面的脊柱养生图表（表2-1、图2-7）。从图表中可以看出颈椎出现问题，临床表现可能为颈部僵直、失眠健忘、耳部疾病、记忆力差、颈椎酸痛、头昏、头痛、喉头炎、感冒、甲状腺病症、鼻窦炎等；胸椎病变的临床表现为胸闷、心悸、手心抽痛、气喘病、高血压、心肺疾病、呼吸道感染、小腿酸麻、脾胃不和、肝气郁结、胃病、四肢冰冷、贫血、糖尿病、低血糖等；腰椎出现问题可能引起的疾病有腰酸、腹泻、便秘、吸收不良、性冷淡、阳痿阴虚、不受孕，或子宫、肾、膀胱疾病等；骶骨发生问题可能表现为四肢乏力、手脚冰凉、肥胖、便秘、痔疮、坐骨神经痛、骨质增生、内分泌紊乱；或者尿频、残尿、性无能、性冷淡等泌尿生殖系统疾病等。

表2-1

脊柱名称	节段	可能引发的疾病
颈椎	颈椎1	头疼、头晕、高血压、神经衰弱、失眠健忘、咽喉炎、眼花、面瘫、脑供血不足等
	颈椎2	眼干涩、眼痛、耳鸣、耳聋、耳旁耳后疼痛、鼻炎、中耳炎等
	颈椎3	面神经麻痹、口炎、湿疹、咽部异物感、颈痛、甲状腺炎等
	颈椎4	鼻炎、口腔溃疡、耳聋、咽部异物感、胸闷、呃逆、心动过缓、早搏、流口水等
	颈椎5	颈项强直、肩周炎、鼻窦炎、咽喉炎、声音嘶哑、视力下降、心率失常等
	颈椎6	偏头痛、眩晕、颈部僵痛、上肢麻痛、扁桃体炎、气管炎、哮喘、低血压、心率过缓、过敏等
	颈椎7	甲状腺疾病、肩颈部不适、上肢内麻痛、低血压、心绞痛、心律不齐等
胸椎	胸椎1	上臂后侧疼、各种胸痛、肩胛疼痛、咳嗽、左上胸部痛、气管炎、支气管哮喘等
	胸椎2	各种胸痛、心脏病、肩胛疼痛、咳嗽、气喘、食道炎、肺炎等
	胸椎3	胆结石、胸闷、气短、支气管炎、肺炎、胸膜炎、易感冒等
	胸椎4	胆囊炎、胆石症、黄疸、带状疱疹、胸壁痛、乳房痛、乳腺增生、气喘、呃逆等
	胸椎5	肝病、脾病、发热、低血压、贫血、胃胀等
	胸椎6	胰腺炎、肝功异常、胃炎、胃溃疡、肝区痛、上腹胀痛、胆结石等
	胸椎7	糖尿病、十二指肠溃疡、第六胸椎的症状

（续表）

脊柱名称	节段	可能引发的疾病
胸椎	胸椎8	抵抗力下降、贫血、第六胸椎的症状
	胸椎9	肾炎、血脂高、肾上腺炎、过敏性疾病、荨麻疹、腹痛、子宫炎等
	胸椎10	肾病、血管硬化、糖尿病、倦怠、腹痛、子宫炎等
	胸椎11	结肠炎、过敏、浮肿、胃病、肝区痛、胰腺炎、糖尿病、肾病、排尿异常等
	胸椎12	风湿、不孕症、腹胀、腹泻、肾炎、肾结石、第十一胸椎的症状
腰椎	腰椎1	便秘、腹泻、结肠炎、疝气、急性腰扭伤、第十二胸椎的症状
	腰椎2	阑尾炎、肠痉挛、膀胱炎、呼吸困难、静脉曲张、腰疼、大腿麻木疼痛等
	腰椎3	膀胱病、月经不调、小产、遗精、早泄、阳痿、小腹痛、腰疼、膝痛等
	腰椎4	腰痛、坐骨神经痛、排尿困难、尿频、便秘、第三节腰椎的症状
	腰椎5	下肢循环不良、关节炎、排尿异常、子宫炎、前列腺炎、脊柱侧弯症、痔疮等
骶椎	骶椎1–5	骶髂关节炎、排尿异常、子宫炎、前列腺炎、脊柱侧弯症等
	骶椎末段	腰疼、臀部痛、坐骨神经痛、下肢麻木疼痛等

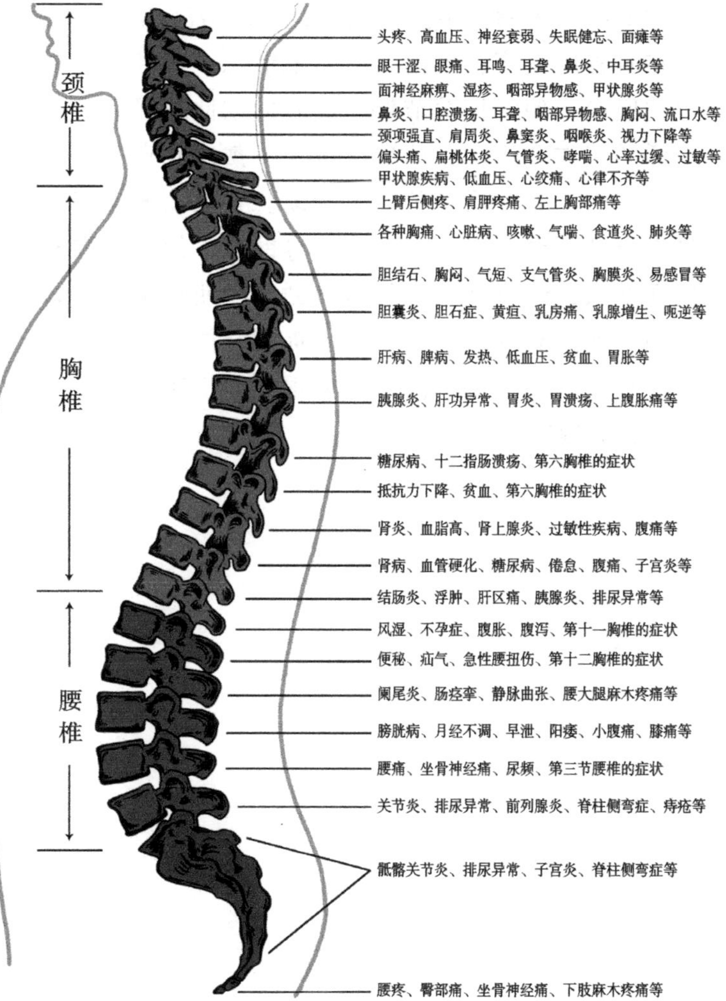

图2-7 脊柱病变可能引起的疾病

“上医治未病，中医治欲病，下医治已病”。我们要想保持脊柱的健康，就需要科学地锻炼、保健，发展脊柱周边的肌肉，使脊柱关节保持应有的韧性与强度，能够适应生活的劳作和运动，防病于未发。戴氏心意拳恰恰是这样一种集中于脊柱锻炼的养生运动。它强调通过利用自身重量进行动态牵拉、旋转、弯曲等锻炼，使人的椎间隙逐渐拉开变大，改善软组织的血液循环，使腰椎间盘髓核水分增加，促进脊柱健康。锻炼能提高脊柱周边肌肉力量，加强了脊柱的稳定性，同时也能很好地挤压、按摩内脏，促进内脏的健康。

第三章　戴氏心意拳养生功的特点与练习要求

第一节　戴氏心意拳养生功的特点

一、养练丹田，舒经活络

戴氏心意拳继承了傅山先生的道家丹田功绝学，并将这种功法与拳术融合在一起，还将养生功法作为养护练拳者身体的核心手段，让练拳者从本源上逐渐身体强健，精力旺盛，然后再进行技击格斗训练。这样不仅使练习者不容易在技击格斗训练的疲劳中损伤自己的精气神，还能使其功力大增，最终成为技击高手。戴氏心意拳养生功重视丹田养练的特征是其他养生功法中未曾见到的，其丹田练习方法的多样性也是罕见的。正是这些特殊的丹田练习动作发挥了重要的养生保健作用，其温养丹田、煦暖全身、固正扶阳、疏经活络的功效十分明显。

养生功的九势动作中每一势都与丹田有关，分别从不同的角度对丹田进行锻炼。其中第一势吐故纳新和八段锦的“双手托天理三焦”的动作十分相似，都是上下牵拉身体，区别在于本套功法增加了丹田的练习。第一势动作要求升吸落呼，让身体的气息进行充分的交换，激活了丹田的运转，理顺上、中、下三焦和身体经络，使身体水润布泽，活跃起来，为将要进行的练习做好准备。第二势的动作名称为“蹲丹田”，是其中的核心功法，功法中的第一势（吐故纳新）和第七、八、九势（白猿献果、狮子抟球、童子拜观音）都是以第二势动作身法为基础演化出来的。这一身法强调丹田的纵向滚动来带动身体运动，以此达到练习丹田、养精升阳的目的。第三、四势（大鹏展翅、双肘护肾不离肋）则强调丹田在横向上的转动来带动身体的运动。第五势（扭转乾坤）强调以丹田为轴心，360° 转动丹田，带动躯干和头部进行绕动。第六势（打通三观达四梢）是要求丹田前后方向的滚动带动上体由弯曲逐步抬起成直立，幅度最大，对督脉刺激明显。另外，养生功法的许多动作中都有脊柱纵向牵拉运动，对刺激督脉经络流通有着十分重要的作用，随着练习者功力的不断加深，会有明显的体会。几乎每一次上下的牵拉都是对肾水的一次激活，逐渐强人先天之本，滋润五脏六腑，起到固本培元的良好作用。功法中多空间维度的丹田练习会使习练者在练习功法后很快体会到丹田的与众不同（初期感觉丹田发热，如有气翻腾其中），并且随着练习的时间增长，感觉越来越多，且越来越明显。而不像有些拳法那样，需要练习很多年才会体会到丹田。当练习者丹田能量聚集到一定程度后，就会进一步打通经络，直至打通大周天循环，使人身体强健，百邪难侵。

二、身心意气，协调统一

戴氏心意拳养生功是身、心、意、气协调统一的运动，只有这种统一的协调运动才能更好地促进人体的身心健康，更好地体悟到深层次的精神文化。

一般的健康概念包含有四个维度：生理健康、心理健康、社会适应和道德健康。也就是说健身不只是身体的锻炼，也是心理的磨砺和平衡，还有社会适应的体悟与成长，以及道德修养的完善。关于多维的健康理念，古人早有深刻认识。孔子认为“仁者寿”，“故大德……必得其寿”。其意大致是人要宽厚大度，要有高尚的道德修养才会有利于健康长寿。老子更是具体地指出：“五色令人目盲；五音令人耳聋……是以圣人为腹不为目，故去彼取此。”随着现代科学的发展，良好的心理状态和积极乐观的生活态度对于人体健康的重要作用得到了更广泛的认同。目前“医学界已经逐渐了解了这个基本概念，认同人们需要整体的疗愈，而非仅仅治疗某一特别的疾病或是某一器官的病变。人们与本身的疾病是无法分开的，因为疾病的病因其实是显示身、心、灵在更深层次出现不和谐的现象……除非身、心、灵达到和谐，否则任何治疗皆不能触及疾病的根源。”[①]我国著名心血管病专家洪昭光先生将1992年世界卫生组织总结的世界预防医学的研究成果——“维多利亚宣言”概括为4条内容，称为健康的“四大基石”，其中一条就是“心理平衡”。[②]洛克菲勒大学生化、医学双博士杨定一先生在《真原医》一书中提出并论证了这样一个观点，即人的身、心、灵都处在安静祥和的状态下最利于健康，这也是人与大自然和谐共存的一种最佳状态。“由于人的身、心、灵是一连串密不可分的能量流，在谐振状态时，它与天、地、万物是

①杨定一. 真原医［M］. 台北：天下生活出版股份有限公司，2018：153.

②关春芳主编. 登上健康快车［M］. 北京：北京出版社，2002：12.

和谐的，也是合二为一的，这是人类与生俱来的能力。”①他还强调这种和谐状态的创造应从心理和观念等方面进行调整，首先是感恩，然后心存正念，怀有慈悲，无私地付出，最后直至无我状态，这才是最有利于身体健康的和谐心态。②因此我们要想身心健康，就要提升内在功力，做到“去除不安情绪，不被物欲蒙蔽，保持心灵安静，提高道德修养”。这也就是古人所提倡的“正心、正念”。

导引养生功都是“动中求静，静中有动”的运动，让身体缓慢地运动，让思绪从繁忙的事物中解脱出来，心理获得积极的调整，恢复健康和谐的状态。《黄帝内经》在《上古天真论》中说：“恬淡虚无，真气从之，精神内守，病安从来？”这简短的诗意一般的文字，揭示了大自然万物生生不息的规律。其核心健身理念就是要清除欲望，安静放松，专心练功，不被诱惑而散乱其心，这样才能发动先天之气，促进身心健康。“松、静、空、守”是其核心要义，这也是创造一种健康心理状态或气场的核心要素。我国古代诸多导引养生功、桩功和太极拳的练习都依此理，要求自己创造一个安静祥和的心理状态（或称为气场）进行练习。

戴氏心意拳养生功也不例外，练习时要求身、心、意、气协调统一，这样运动才能收到最佳的健身效果。故戴氏心意拳养生功在开始习练之前，首先强调调整心态，使自己身心放松，创立一种安定祥和的心境，同时排除杂念，一心一意地专注于练习本身，然后再开始练功。拳谱中所说的“锁住心猿拴意马”就是此意。在练习的过程中，不仅身体始终

①杨定一. 真原医［M］. 台北：天下生活出版股份有限公司，2018：152.

②杨定一. 真原医［M］. 台北：天下生活出版股份有限公司，2018：138.

在缓慢运动，意念也在始终工作，有时意想松沉、有时意观百会、有时意想丹田等，总之意念在每一节中都要按照一定要求随着身体的运动而工作，起到良好的引导和调整作用（高级阶段有所区别）。在气息方面主要强调均匀细长的腹式呼吸，通过长期练习，呼吸就会随着动作的开合、束展而协调一致，并逐渐体会到内气的发生和变化。正是由于整套动作都强调在心意的配合下放松、柔和、缓慢地练习，才使人很容易进入练功状态，而这种柔和状态的长期维持又会逐渐使人心柔化，变得安静、慈悲、无我，慢慢地练习者的性格、生活态度，甚至价值观也会随之改变。因此经常练习戴氏心意拳养生功法的人会变得性情温和，不急不躁，内心安定、祥和，身体中气十足，充满自信。

随着练习次数的增多，练习者的境界也将不断深入，体悟到更深层次的精神文化。一般当练功者能够进入到忘我状态或物我相融的状态时，就开始有了更深层次的体悟，加以理论的引导，就会逐渐理解古人所倡导的“天人合一”涵义和真谛，更好地理解我国的传统文化，理解人与人、人与自然、人与宇宙的关系，乃至形成充满中国特色的新的人生观、价值观、世界观，实现修心养性的目的，达到身、心、灵全方位的健康。

三、动作轻柔，连绵不断

自古拳家有论：“快练是拳，慢练为功。”所谓“拳”即技击之意；“功”则有强身健体之意。古代道家养生理论也有“大动不如小动，小动不如蠕动”之说，即强调从锻炼身体的效果看，剧烈的运动不如舒缓的运动，舒缓的运动不如柔和的、缓慢的运动，我国的太极拳、各种导引养生术皆循此理论创编而来。此外，我国古人还认为，身体保持婴儿一般的“柔软”是健康长寿的秘诀之一，故古代养生术都十分注重身体柔韧性的练习。西方也有“关节多年轻你就多年轻”的说法。现代日本则有医学研究证明，假如一个人不断做伸展运动，持续一年以上就可延长寿命。[①]

戴氏心意拳养生功正是遵循了这些道理，强调动作起落如“鹅毛沉底”，其每一节都是对身体不同部位的轻柔、缓慢牵拉。它要求身、心、意、气的四者合一，连续地缓慢运动，势势相连，紧密无间，使整套动作练习时像太极拳一样，如行云流水、松静无滞、连绵不断。这种柔和、缓慢牵拉运动，不仅有利于气体交换，还使内脏得到挤压按摩，让细胞液、组织液得到充分流动，为细胞提供了充足的营养，改善了生存环境。身体放松和缓慢运动，也会促进心理和精神的放松、解脱，十分有益于健康。

由于整套动作相对轻柔缓慢，使得动作对心肺功能得不到充分锻炼，年轻人在练习时，应另外增加一些剧烈的运动来锻炼心、肺功能，同时增加一些肌肉力量练习，来强身健体，提高社会适应能力。

四、重练脊柱，方式多维

中医经络学认为脊柱是人体督脉通行的路径。督脉，有总督诸阳经的作用，贯通四肢百骸，行于背部正中，为阳脉之海。脊柱的弯曲、旋转、牵拉、伸展等运动，能够有效地

①杨定一. 真原医［M］. 台北：天下生活出版股份有限公司，2018：137.

刺激督脉的流通、活跃，达到舒经活络、扶正升阳的健身作用。古人正是认识到了这一点，十分重视脊柱锻炼。如“八段锦”的摇头摆尾、手攀脚足；“易筋经”的倒拽九牛尾、青龙探爪、卧虎扑食；达摩古法“洗髓经”的灌顶洗髓功等，都是重点锻炼脊柱的动作。目前国家体育总局健身气功管理中心推广的各种健身气功，都是强调要通过脊柱的旋转屈伸运动来带动四肢、内脏的运动，从而达到健身、防病、延年、益智的目的。武术的拳术训练也十分重视脊柱练习，有的前辈更将脊柱形容为人体的“大龙”，有“力发脊背”之说，都说明了脊柱在武术训练中的重要作用。在众多拳术中，太极拳、八卦掌等拳术对脊柱训练的重视程度最为明显，或左右扭转，或上下牵拉、前后弯曲、螺旋发力等，无不强调将脊柱与四肢的力量完美结合、协调一致。北京中医药大学刘长喜教授也根据所学道家功法、陈式太极拳和中医理论等创编了躯干蛇行功，成为了一种专门锻炼脊柱、治疗脊柱疾病的健身功法，深受养生专家与医学专家的好评。此外，前文已从现代医学和临床医学的视角说明了脊柱锻炼的重要意义，这里不再赘述。

戴氏心意拳养生功源自道家丹道绝学，不仅重视丹田练习，也同样注重脊柱锻炼。功法的每一势都强调脊柱的运动，或是扭转，或是弯曲，或上下牵拉，众多动作中又以上下牵拉和纵向波浪式运动为主。这种全方位的、多维度的缓慢有氧运动，形成了对内脏和脊柱的挤压和按摩，十分有利于组织液的循环流动，促进整个身体的健康。由于戴氏心意拳养生功极其重视脊柱运动，因此笔者称戴氏心意养生功为优美、文雅的“脊柱养生操”。戴氏心意拳中的束身动作要求脊柱的命门穴向后运动，尾骨前提，含胸弓背，整个脊柱形成反向弯曲，类似弧形或“C”形（图3–2），回归胎儿一样的脊柱形态（图3–1），实现了道家认为的后天返先天的脊柱形态，以此激发肾水，生发阳气。展身法动作则每一次都强调脊柱的上下牵拉，不断刺激督脉，起到理顺经络的作用。久久练习，自然实现阴平阳秘、百络畅通的健康状态。

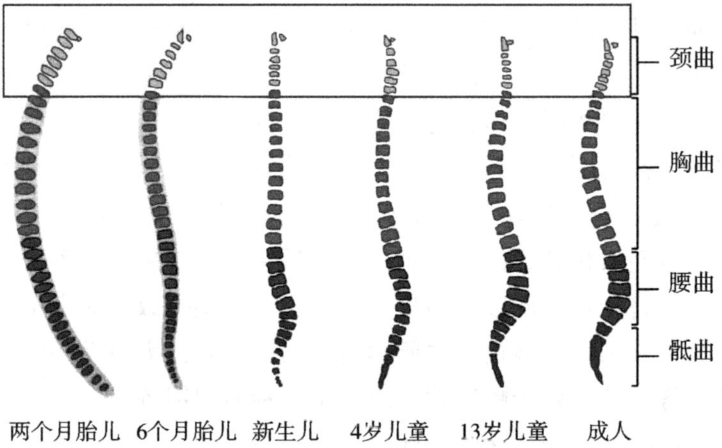

图3–1　脊柱形态变化图

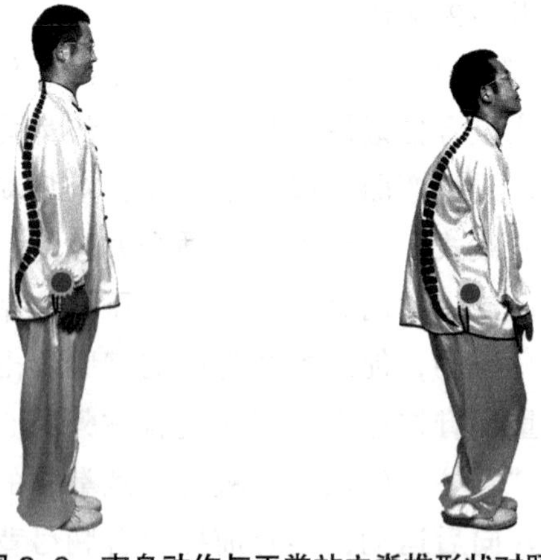

图 3–2　束身动作与正常站立脊椎形状对照图

五、左右对称，安全易学

戴氏心意拳养生功整套动作都是左右对称的，符合东方人的审美特征，更符合人体的生理结构特征。整套功法共9个动作，左右对称，反复重复，其中蹲猴势为核心内容，另有四势是以其为基础进行展开的，具有许多相似之处，使得动作相对简单易学。适合不同年龄、性别、体质，不同基础的人学习健身。

动作练习由于基本没有步伐的运动，始终处于站立势姿态，动作又轻柔缓慢，使功法的练习变得十分安全，不易发生运动损伤，也不会像有些气功那样容易发生偏差，损害身体。

六、练法灵活，空间不限

戴氏心意拳养生功的练习方式十分灵活。虽然每次连续练习整套功法效果最佳，但也可单独练习其中一势，或者选择其中几势进行反复练习。可以单人练习，也可多人同时练习；可以配乐练习，也可安静地练习。在时间方面也可长可短，以不要过度疲劳为宜，根据个人体能情况确定适宜的练习时间。需要对初学者说明的是，当身体还不会放松、动作还不够准确时，每次练习不能过久或过多，否则可能导致身体不适，久而久之错误动作将难以改正。

由于此功法都是定步练习，对空间需求十分有限，只要能够舒展开四肢即可练习，正所谓“拳打卧牛之地”。

第二节 戴氏心意拳养生功练习注意事项

一、练功应选择适宜的环境

练习养生功法要选择安静、舒适的环境，使习练者尽量不受外界因素的干扰，能够全心全意地进行练习。练习环境应空气清新，但不能站在风口练习。在有阳光的地方练习时，男性应背对阳光练习，女性则应面对阳光练习。

二、练功前要进行热身运动

每次练功前应做好准备活动，使身心能快速进入练功状态，收获良好的锻炼效果，并减少运动损伤发生。比如练功前可进行一段时间的慢跑或快走，然后进行韧带牵拉，再踢腿，绕环下关节，使血液循环加快，神经兴奋性提升，然后开始练习。但也须注意不要在热身运动时消耗过多，影响到养生功的练习。如果练习时间较长，应在练习前处理好大小便，不要在练习中或练习后上厕所，应在练习完30分钟后再上厕所为宜，否则，会使精气随着排泄而部分漏失，影响练习功效。

三、练功过程中尽量保持全神贯注

戴氏心意拳养生功法十分注重心理、意念的配合，要求练功过程中要全身放松，排除杂念，创造一个安静祥和的练功状态，全神贯注于练习过程，使身、心、意、气四者合一，只有这样才能收到良好的锻炼效果。拳谱说“锁住心猿拴意马”，就是强调练功要一心一意，不可分神。

四、练功后应继续进行一些缓慢运动

练功后的恢复运动是许多人最容易忽视的一点。一般人认为，练功结束就可以了，其实不然。练功过后应双手抱叠于丹田，逆时针、顺时针分别揉按丹田若干圈，然后散步，或进行一些缓慢的运动，使精神从高度集中释放出来，使气血渐渐恢复平静，精气能够布泽周身。这也是使功夫“化”入身体的过程。也可拍打、揉搓一下主要穴位（如环跳、肾俞、三阴交、足三里、内关、外关穴等），做做干洗脸、干梳头、叩齿、鸣天鼓等简单的保健操，使气血流通更加通畅。每次练完后不可就地坐卧不动，或贪凉迎风解衣；也不能立即用冷水洗浴，衣服被汗水浸湿应及时更换。练后要忌烟、忌酒，勿大怒。练功后半小时内不能上厕所，不可进餐，但可以适当饮水。练功后短时间内不得有房事，否则元气奔泻，久之成疾。

五、练功应追求一种舒畅的感受，身体不适时不宜练功

戴氏心意拳有很强的舒经活络功能，坚持练习后身体会出现一些反应，有些是正常的反应，有些则是习练错误的征兆。正常的反应是练后身体非常舒服、通畅，使人精力倍增。有的人久练后会出现肠鸣、身体热胀、酥麻、穴位跳

动、丹田似有物、空中生津、有热流循经络而流动等反应，这些都是正常的身体反应。出现这些反应时不必在意，只需清楚练功的目的是要强身健体，不是为了刻意追求某种奇特感受，更不是为了要追求什么奇功异能。当身体正常时，我们应每天坚持练功，不可松懈，使身体百炼成钢。

由于种种原因，个别人会在习练后出现身体不适的状况，此时应停止练功。练功后如果出现肌肉酸痛，有疲劳感，是正常的身体反应。但如果出现关节及其周围的韧带疼痛、胸闷或其他身体不舒服的症状就应该注意了，可能是某一练习环节出现了问题，需要纠正后再进行练习，且不可盲目强练，以免日久伤身。此外，练功还要遵循“三不练”原则，即“太饿不练、太饱不练、太累不练” 。当身体生病时，应遵从医嘱。通常在生病后，当感到可以缓慢运动的时候就可进行功法练习，只是应控制练习时间和运动量，这样会有利于身体恢复元气，战胜病痛。

第四章　戴氏心意拳养生功静功

第一节　基本功法

一、手型

自然掌：五指伸展微屈，稍分开，掌心微内含。（图4-1）

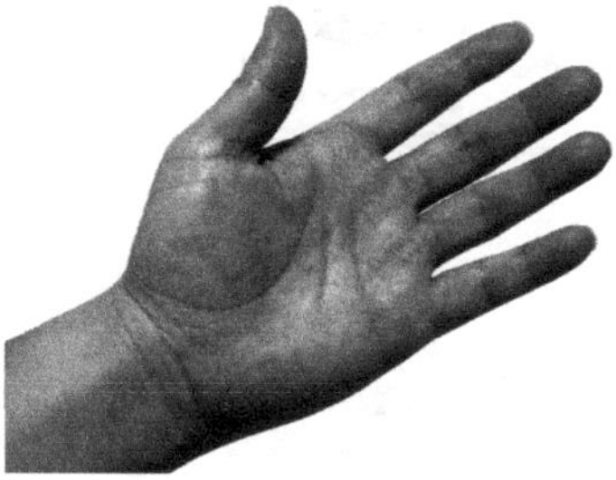

图4-1

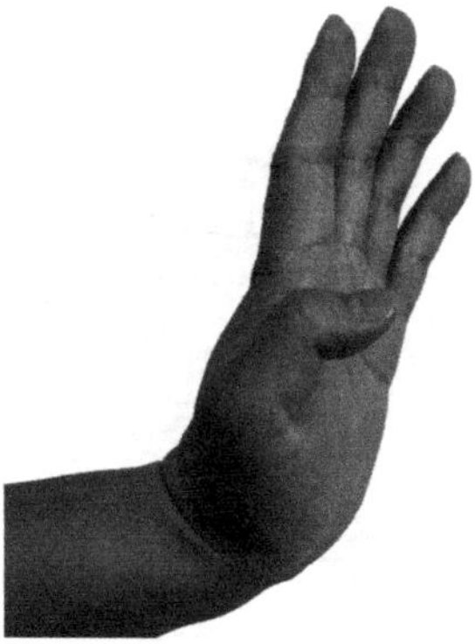

图4-2

掌：四指并拢，自然伸直，大拇指曲立于掌侧成掌。（图4-2）

拳：四指并拢卷曲于手心，大拇指内扣于食指和中指第二关节处，即成拳。（图4-3）

图4-3

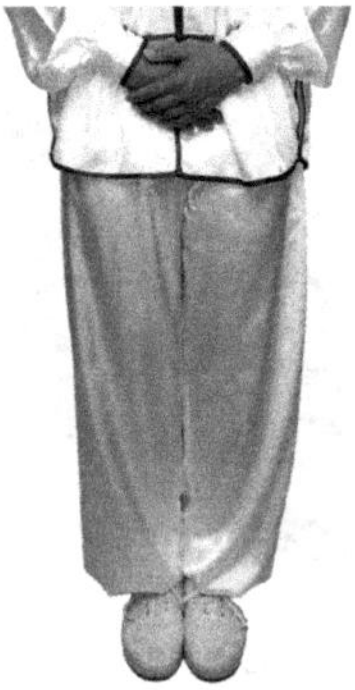

图4-4

二、步型

并立步：双脚并行站立，脚尖和脚跟都并拢在一起，身体直立。（图4-4）

开立步：双脚开立，脚尖向前或稍内扣，两脚距离与肩同宽。（图4-5）

图4-5

图4-6

高马步：双脚平行，脚尖向前，距离比肩稍宽（大约两脚半长），双腿稍屈下蹲，即为高马步。要求膝关节不过足尖，下蹲不必过低。（图4-6）

三、核心身法

蹲丹田：蹲丹田是戴氏心意拳的核心功法之一，又名蹲猴桩、蹲猴势、束身法与展身法、混元桩。

1. 动作

预备势：双脚并行站立，脚尖与脚跟紧贴；双手自然舒适垂于体侧，似握非握；目光平视。下颌微收，舌抵上腭，定身守意，使精神放松，意想安详舒适，平静呼吸（图4-7）。古有心意拳拳谚称：“锁住心猿拴意马”，即要求练习者要排除杂念，一心一意地专注练功之涵义。

图4-7

起势：双脚并行站立，脚尖和脚跟都紧贴；双手成自然掌，放松交叠置于腹前，使双手的劳宫穴重叠并与丹田相对。男性左手在外，女性右手在外。双手的这一动作，在戴氏心意拳中称为“抱丹田”。目视前方，舌抵上腭，收臀提肛，排出杂念，心定神宁，清净无物。（图4–8）

图4–8

一动：丹田向后滚动带动双腿屈膝下蹲束身（图4–9侧面、图4–10正面）。身体在下蹲同时慢慢仰头，抱肩松肩，含胸拔背，裹胯提肛，齿唇合闭，用鼻吸气。仰头是裹胯带动脊柱的被动行为，角度大约20°左右，感觉“头落于枕骨”或“额头落于丹田”，由目视前方逐渐变为眼观鼻尖；抱肩是双肩向前合抱，松肩也感觉肩沉落于丹田；裹胯是指尾闾前提，腹部上翻，腰部命门后顶的翻胯动作；吸气要均匀细长，采用顺腹式呼吸。下蹲束身同时，双脚十趾逐渐上翘舒展；双手由腹前沿大腿内侧慢慢下落，并逐渐向外翻掌，翻至手心向前，手背贴腿，两小指并拢，双肘贴身，逐渐伸直。然后双手继续微微外旋，使两小指侧手掌外凸向前，并微微内夹双肘、双膝，提肛。意念方面要求心想“眼观鼻，鼻对口，口对脐（丹田）”，沿任脉随动作向下引导至丹田。该动作为“束身法”，体成“三圆”，即颈项圆形、胸腹圆形、腿弯圆形，如猴子观景。

图4-9　侧面

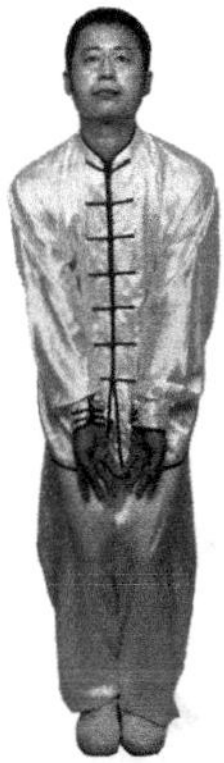

图4-10　正面

二动：丹田前滚带动全身舒展（图4-11）。十趾抓地，蹬地伸膝，立髋展体，正头竖项，逐渐舒展为直立；与此同时双手臂内旋屈肘，肘贴双肋，微屈腕，双手如水中捞物一样托起。当双腿逐渐伸直（腿直而不后屈）的同时，两肩展开，双手内翻交叠，抱按于丹田，形同起始的抱丹田动作。当双腿站直瞬间，百会穴上顶，竖项收颌，下颌有压喉之感，头有顶上蓝天之感；双目微瞪眼上视，内视百会；双肩下沉，松腰，提肛，尾闾微微前提，脚下踩，有脚踩入大地之感。上顶百会和尾闾前提将整个督脉上下对拉。该动作为“展身法”。意念由观丹田滚动，带动躯干逐渐舒展后，内视百会穴。（图4–12侧面、图4–13正面）

图4–11

图4–12　侧面

图4–13　正面

三动：重复一动，即“眼观鼻，鼻对口，口对脐”。丹田后滚带动束身，屈膝下蹲，仰头抱肩，含胸拔背，收臀裹胯，腹部上翻，翘展脚趾，微微提肛、吸气。束身同时双手慢慢下垂，旋转前臂，手心向前，手背贴于大腿前侧。（图4–14）

图4–14

四动：重复第二动，如此循环往复。预停止练习时，收势同于起势动作。（图4–15侧面、图4–16正面）

图4–15　侧面

图4–16　正面

第六代传人王仲廉精辟地将动作要领编撰成诀：

手抱丹田身躯正，二目平视足并行。
神定心宁无杂念，轻松自然讲虚灵。
虎视睁睁不转睛，盯住对方看眼神。
含胸拔背肩内扣，沉肩坠肘向下沉。
收臀提肛如忍便，腹部内凹成圆形。
两手下垂至膝面，边垂边翻见手心。
手托相挨臂靠臂，两腿弯曲成圆形。
重心勿偏身脊正，三尖对齐最要紧。
舌抵上腭周天通，头要微仰切要正。
牙齿合紧嘴要闭，背弓腿曲为束身。
展身也要讲虚灵，虚虚起来劲不停。
挺项收颌头要顶，视点不移眼出神。
挺胸竖脊脚底蹬，手抱丹田气呼尽。
气出两心为钉顶，若打快劲发呵音。①

---

①董文全. 祁县戴氏心意拳［M］. 太原：山西人民出版社，2016：202.

2. 要点

（1）呼吸要鼻吸口吐，初练要呼吸自然，逐渐体会呼吸与动作协调一致。待动作熟练、身体能够松下来时，逐步改用顺腹式呼吸。顺腹式呼吸吸气时，小腹放松，束身吸气，鼓小腹；展身呼气，缩小腹。

（2）要求下蹲时要鼻尖、膝尖、脚尖“三尖一线”，尤其注意膝盖不过足尖，重心落在脚心，而非脚跟。保持足底受力不偏不倚，始终均衡。

（3）习练时，要通过慢练达到全身放松的目的。只有慢练，神经才能感受到身体微小的变化，感受到局部是否放松，只有慢练，思绪才能跟着慢下来，逐渐进入松柔的状态。练习的初级阶段尤其应注意束身和展身末尾转换阶段的慢练，要等待大脑把各方面的信息处理完毕，再进入下一环节。束身放松，感觉身体由上向下松沉至脚下，有先师用“顶心”塌“脚心”来形容这种正确的练习感觉；展身时百会徐徐上顶领起，两肩等身体其他部位全部自然向下松沉，头顶后部有“顶破苍天”之感。

（4）身体的起落都是由丹田带动的。该动作下蹲时为“束身法”，站起时为“展身法”。束身时丹田向后转动，丹田有“下沉、前去、上翘”之意（图4-17）；展身时丹田向前转动，丹田有“上拱、前去、下压”之意（图4-18）。束、展均以丹田为轴心带动身体运动而起落。为了方便理解，作一形象比喻，丹田如卷轴，胯、躯干和头共同组成卷尺。束身时，裹胯束身动作就是丹田横向为轴，向后转动，带动卷尺收缩卷起，周身有聚向丹田的感觉；展身时，丹田向前转动，身体如卷尺伸展开来，有由丹田向四周舒展开的感觉。初学者多无法理解和体会丹田滚动和聚、展，应先从练习裹胯动作入手，慢慢体悟。

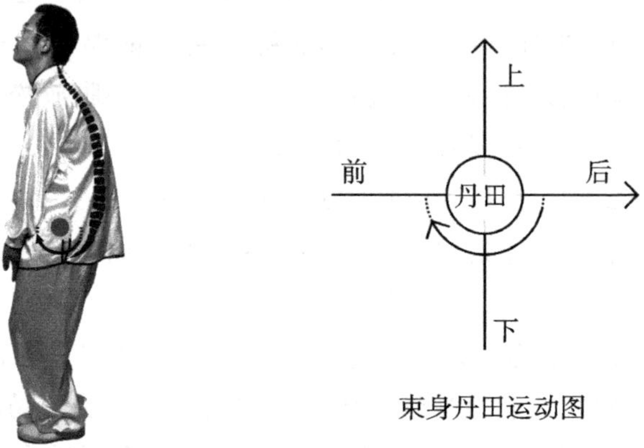

束身丹田运动图

图4–17　束身

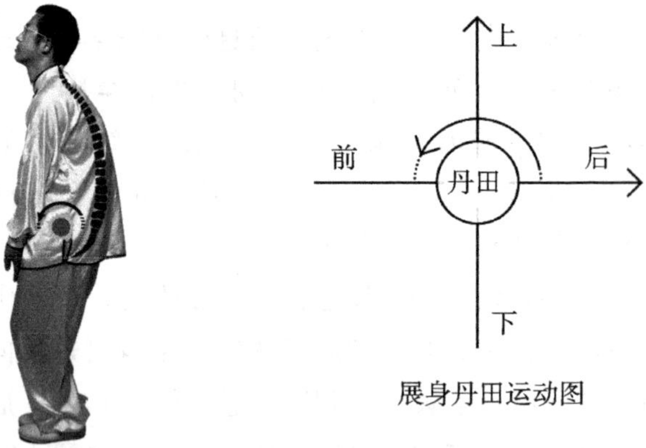

展身丹田运动图

图4–18　展身

（5）裹胯是指在下蹲过程中丹田后滚，带动胯向后倾倒，尾闾前提，命门穴后撑、打开的过程（图4–17）。裹胯的同时小腹会自然上翻，向胸部靠近，与抱肩弓背配合，很容易形成松胸实腹，久练之后会感受到丹田滚动。拳谚云

“若得全身真奥秘，全凭内外天地翻”，这里的内天地翻就是形容这一要领，它把胸比作天，丹田或下腹比作地；外天地翻则是指仰头动作，这里额头是天，下颌是地。裹胯同时必须提肛，提肛是收提肛门和前阴部，保证阳气不外泄，是实现“练精化气”的关键一处。故师父在教授此动作时习惯用“肛门前提”来强调裹胯这一动作，也有人将裹胯形容为“束尾”，即像猴子一样收夹尾巴。练习者假想自己有一尾巴，“束尾”就是将尾巴经两腿中间向前、向上、向丹田弧形卷收的感觉（图4-17）。凡此种种，都是强调丹田为人体运动的中心，是一种练习的感受，不可不知，也不可强求，因为感觉会因人而异，我们练习掌握动作要领才是关键。束身和展身其实都有裹胯、提肛动作，不同之处在于，束身时的裹胯比展身的裹胯幅度要大得多。束身裹胯练习的是丹田的滚动；展身时裹胯是配合百会上顶和提肛的动作，形成对督脉的上下牵拉和刺激，动作只是微微前提、下垂尾闾。后文中束身、展身皆遵循此要领，将不再赘述。

（6）抱肩是指两肩胛骨微微向前并自然下垂，使背部脊柱自然略后凸，胸口内含凹陷，使肩部形成前抱的动作。由于两肩形似鹰的肩膀一样，故有“鹰膀”之称。束身抱肩、沉肩有双肩缩聚向丹田之感；展身时又有由丹田横向、纵向展开之感。

（7）含胸拔背。由于肩部前抱、翻胯、前提尾闾，使躯干弯成弧形（图4-17），胸部自然形成了凹陷，对腰部形成牵拉，后背突出，此为含胸拔背。含胸后使胸部自觉虚空；尾闾前提托住丹田，久练之后，自觉小腹充盈，此谓“虚胸实腹”。

（8）动作要轻灵柔和，连绵不断。轻灵柔和主要是指放松地完成动作；连绵不断指动作、意念、呼吸等要连贯，形成势势相连，动动相连，毫无停滞。

（9）初学者在练习过程中要以意为先，以意领动，以意导气，循环不止。当动作完全熟练，意念也能够控制好后，一切运动都是在自然、放松、无意识中进行，从而进入更高的练习阶段。通常练功有两个难点难以征服，一是身体的劳累、疼痛难以克服；二是心里受杂事所扰，难以专心练习。为了控制人的心境，祖师们的传授方法，是“以一念代万念”的方法来控制我们的心理活动，使其专心练功。戴氏心意拳养生功中的每个动作实际上都是一种意念练习，每个动作都可用意念引导完成，控制意念不散乱，并且强调无论动作快慢，动作都应随着意念的运动而运动，形成身、心、意、气协调统一的运动。对于初学者，首先应注意身体各个部位的动作要领，不断调整身体，做到动作正确，而后逐步将呼吸与动作协调配合。蹲丹田束身时观鼻、观口、观胸（内涵）、观丹田（滚动）；展身时观丹田（滚动）、观百会，如此循环不止。等熟练后，意念、呼吸和动作等将会配合得协调一致，无需大脑处理过多的信息时，动作将更加柔和、优雅、连贯，协调一致。

（10）为了方便大家学习蹲丹田，本人将个人的心得体会与练习要领编成歌诀，方便大家学练。

初学蹲丹田

束身放松似落叶，仰头抱肩背成弓。
吸气含胸渐屈腿，提肛裹胯尾卷升。
阴阳交泰三弯式，双手意觉落脚中。

展身缓缓如抽丝，足蹬手抱慢慢升。
立身中正两头拉，手抱丹田腰也绷。
竖项提肛视百会，身似直杆意要撑。
展呼束吸绵又长，腹中鼓荡丹田生。
丹田滚动先学胯，动动不停周身应。
静练束身猴观景，身卷心定意也空。
动时展束意不停，浑然不觉百络通。
绵绵无意似有意，束来展去是奇功。
酥麻胀热会有时，乐似神仙病不生！

3. 练习方法

（1）静态束身练习。静态束身练习俗称“搁功”。在教师指导下或自己调整后，达到标准的束身姿势，站在一个舒适安静的地方保持不动，持续一段时间，如保持3～5分钟，体力强者可适当延长时间。不断集中注意力，放松身体，感受颈松、肩松、胸松、腰松、两臂松、双腿松、双脚趾放松，上身松沉于脚底，逐步去掉僵劲。这种练习容易使大脑和肌肉形成记忆，形成动作定型。每次练习静蹲的时间长短应根据个人体能而定，随着练习次数增多逐渐增长时间。此外，也可静态与动态配合练习，提高动作的稳定性，逐步减少错误，尽快掌握动作。

（2）慢练，不断放松。有人总结拳谚云：“快练是拳，慢练为功。”慢练是蹲丹田功法的练习秘诀之一。因为慢练是学习动作的好方法，更是提高功力的好方法。只有慢慢的运动才能使身心更容易放松，更容易使大脑感受肌肉、骨骼和丹田的状态，从而不断调整，臻于完善。只有慢慢的运动才能推动气血的顺畅运行，感悟到更多的身体变化，渐渐提高功力。戴氏心意拳有“三动”练法，即“重动、轻动与灵动”。重动练势退拙力，轻动变活练巧妙，灵动随身心自如。初学者以重动练习为主。蹲丹田又共有4种练法：慢束慢展、慢束快展、快束慢展、快束快展。但戴氏心意拳养生功要求身体的起落都慢如“鹅毛沉底”，又若抽丝一般，缓慢而行。故师父常常强调：“要感觉慢得不能再慢了，还觉得快。”笔者觉得在束身时感受鹅毛沉底，展身时体悟抽丝，更容易进入练功状态。

（3）利用标志物辅助练习。比如，习练时面墙而站，脚尖抵墙，在与眼睛同高的前方画一标志线，然后开始练习。这种方法对初学者纠正“三尖不齐”有很好的效果。在练习过程中，眼睛盯着在墙上所画标志，练习蹲起，对于体悟“头落于枕骨”也有很好效果。

4. 易犯错误与纠正方法

（1）下蹲时双脚脚尖分开。动作要求双脚始终并拢。由于初学者无法放松身体，在下蹲裹胯的过程中，尾闾前提，容易使双脚尖分开。因此，初学者要注意不断调整分开的双脚，并通过不断地放松身体，感受丹田后滚，带动双膝微小内旋、双脚内扣，逐步纠正双脚分开的错误。

（2）后撅臀部，裹胯不充分。初学者神经无法支配胯的运动，常常在下蹲的过程中后撅臀部。可以通过直腿练习胯部动作，然后运用到下蹲的动作中。下蹲时注意尾闾前顶，或耻骨前顶，小腹上翻，使腰部自然向后凸出，腰曲消失。也可在教师的指导调整后，站静态的裹胯束身动作，提高动作的稳定性，逐步减少错误。

（3）身体僵化紧张。初学者往往为了追求外形的准确相似，又无法有效准确支配肌肉完成动作，造成过度紧张，过多肌肉发力、僵硬。因此，初学者应一个部位一个部位来学习、纠正。初学外形大致相似，然后一个阶段注意力集中到某一环节去纠正改进，待该处姿态标准后再集中纠正另一错误，这样逐一纠正，直至动作标准。第二种纠正方法是慢练，使动作有如抽丝一般的感觉或“鹅毛沉底“的感觉。慢练是给大脑更多的时间支配身体各个部位，使之协调配合，肌肉放松，等该环节身体放松后再进行下一动作。这种练习方法不仅可以使身体放松下来，还能体悟到更多的东西，使功力大涨。第三种方法，可以采用定势或静蹲的方法进行练习，使大脑和肌肉形成记忆，逐步纠正动作。例如，由教师帮助摆好姿态，静蹲一段时间，然后站起，接着再静蹲一段时间，这样反复强化记忆。

（4）没有拔背。拔背是由于裹胯和含胸动作造成的背部有上下牵拉的一种状态或感觉，因此做好裹胯和含胸就很容易做到拔背。即下蹲时，尾闾要前提，命门穴后顶，使胯部翻起，形成对背部的下拉。同时两肩胛骨向前合抱，并放松下垂，使胸口向后凹陷，背部后弓，对腰部形成上拉，这样就形成了拔背。

（5）三尖不齐。下蹲时应该做到“三尖一线”，即鼻尖、膝尖、脚尖在一条直线上，这保证了膝盖不能过度弯曲，减轻了膝关节的负担，保护了膝关节的健康。初学者可利用物体练习，保证“三尖一线”，例如面墙而练。也可采用静蹲的方法逐步练成“三尖一线”。（图4–19）

图4-19

（6）心不专一，不安静。练习时应一心一意，做到身、心、意、气协调统一。内心应安静、恬淡、虚无，注意力集中于动作、意念、气息，不能分神，否则将大大影响练习效果。

（7）前后左右晃动。首先要身体中正，将重心放在中间，即双脚脚心连线的中间。为了保持中正，古人强调百会穴、丹田、双脚心连线的中点，这三点在束身到位和展身到位时都应该在一条线上。在下蹲和站起的过程中，要始终保持重心在中间，不偏不倚。可是往往由于身体不放松，或动作不正确，会前后左右晃动。习练者必须调整动作，放松慢练，逐步做到重心在中间上下起降，自然就不会晃动了。或者将注意力暂时转移到脚底，无论是束身还是展身，脚底板各个部位的受力尽量保持一致，当束身翘趾时，应用前脚掌承担脚趾所承载的重力，不可转移到脚底他处，这样身体就不会晃动了。也可假想身前两腿中间有一垂直的杆子，束身时，身体在不松不紧的状态下，沿着杆子慢慢下滑；展身时，两腿微夹杆，身体沿杆慢慢上爬，这样就会使身体避免晃动，保持中正。

（8）膝盖疼痛。膝关节疼痛多为身体不够放松，练习过多造成。由于练习时身体僵化，下蹲时又过于追求正确裹胯，多余的发力太多，膝关节受力不合理，造成膝部疼痛。如果束身时重心偏后，则膝盖前侧韧带会过度受力，久而久之就会疲劳疼痛；如果膝盖过度内夹，也会造成膝关节外侧韧带过度受力而疼痛。练习时首先要练松，身体要从上往下一节一节地松下来，如果哪一节没有松下来，可以等调整放松后，再向下进行，形成束身，这样膝盖受力合理，就不会疼痛了。其次，将注意力暂时转移到脚底，在束身和展身时尽量保持脚底板各个部位的受力一致，尤其是在束身翘脚趾时，前脚掌不可翘起，保持受力与前期一致，以此来保持身体的中正和重心稳定，使膝盖周围的韧带受力均衡，不造成畸形牵拉，过度疲劳，膝盖就不会疼痛。再次，初学者如不能很好地放松身体时，不可贪功而练习过度，要循序渐进，每次可将练习分成若干个小段进行，使膝关节有充分的恢复时间，这样既可增加练习量，又可缓解膝关节的疲劳。在能够放松的基础上，逐步追求全部正确，逐步加长练习时间。此外，练习前要做好热身和韧带拉伸的准备活动。不可觉得功法缓慢，不需要热身运动，就直接进行练习。练习后应对膝关节进行扣拍、按摩，放松肌肉和关节韧带。

膝关节疼痛也有部分练习者是由于下蹲膝盖超过了脚尖造成的，即“三尖不齐”导致膝盖疼痛。这种错误可参照前文进行纠正。

5. 拳理

蹲猴势为戴氏心意拳中的核心动作，许多动作都是以此身法变化发展而来，具有养生健身和练习技击身法的双重功效。戴氏心意拳养生功中的第二势就是该动作，另外养生功的吐故纳新、猿猴献桃、引气法和童子拜观音的身法都与蹲猴势相同，后文对相同之处不再赘述。心意拳中历来有“外站猴势，内站丹田”之说。要求“抱肩、裹胯、束尾，鸡腿、龙身、熊腰、鹰膀、猴背、虎豹头。两肩要裹塌，两手心外托，两臂自然下垂紧靠身，膝尖、足尖、鼻尖要齐” 。“鸡腿”是说两腿夹紧弯曲，像鸡腿一样，这种站法敌人不易进步到中门，同时又根基稳固，能力顶千斤；“龙身”是形容身体像龙的身体一样，身形矫健，亦刚亦柔，善于闪转腾挪，变幻莫测；腰部是人体活动的枢纽，“熊腰”使指敛臀长腰的姿态像熊一样稳固，力大无穷；“鹰膀”是比喻两个肩膀像鹰一样左右相抱，蓄势待发，起落有力；“猴背”是描述背部后凸、曲含蓄势、张弛有度的形态；“虎豹头”是指练习者要神态威严，虎视眈眈，仰头时蓄势待发，上顶时枕骨上提，额颅有力，动作气势恢宏，有如虎豹一般。古人云：“豪杰落于枕骨，英雄出于额颅。”用以形容头部动作的重要性。综上所述，鸡有独立之功，故为拳法之腿；龙有惊抖之法，故为拳法之身；熊有惊天之力，故为拳法之腰；鹰有束翅之术，故为拳法之膀；猴有纵灵之能，故为拳法之背；虎有威严之态，故为拳法之头。这种以动物特征形象表述人体姿态的方法，充分地说明了古人对人体发力与运动规律的深刻认识。

蹲猴势的束展是以丹田为核心进行的。初学者可以体会以胯的运动带动脊柱纵向波浪式运动，以胯推动脊柱一节一节运动。当功力达到一定程度后，就会体会到丹田带动脊柱节节贯穿的神奇效果。这种相类似的脊柱波浪式运动，也是著名养生功法“少林洗髓经”的重要内容。丹道养生专家李谨伯先生曾指出：少林寺“洗髓经”的练法就是在盘坐的基础上，“观想脊柱——将脊柱拉直，想你的脊椎骨在运动。闭上眼睛观想后面的脊柱在动，可以是摆动；也可以是前后蠕动；可以用身体微微地带动，但是一定不能用力。一定要慢，要连续，不能猛。”“外表也有些动，但是基本上是脊柱带动，可以是摆动，也可以转动、蛹动、蠕动，这叫‘四动’。”“动到一定程度，你就忘掉了，就不动了，这样就很容易入静了——这个方法来自‘洗髓经’，就是少林寺的‘伐毛洗髓’，诀窍就是‘返观’。”[①]陈式太极拳的第十二代传人程克锦在《达摩古法易筋经 洗髓经》一书中也介绍了十分类似的运动，即洗髓经的第十二式“灌顶洗髓功”，“开步立，全身放松，心性空明；尾闾先动，意念集中，存想尾闾骨，并前后摆动，动作如同蚕在桑叶上蠕动，一节一节向上成直‘S’形蠕动，至颈椎最上一节，再从颈椎最上一节开始一节一节向下蠕动至尾闾……”[②]可见，无论道家和佛家都十分重视这种脊柱的缓慢运动。

这种束身蹲丹田的姿态与人体胎儿时的姿态十分相似，尤其是尾骨前提的状态，是一种后天返先天的姿态，便于吸收自然的能量，激活肾水，降下心火，使心肾相交、阴阳相交，唤醒身体先天之潜能。通常经过一段时间的认真练习，丹田就会自然有充盈、发热等感觉，并随着练习的增加感觉逐渐

①李谨伯. 呼吸之间（增订版）［M］. 北京：华夏出版社，2013：138.

②程克锦. 达摩古法易筋经洗髓经［M］. 成都：时代出版社，2014：48.

变化，功力逐步提升。拳谱有云“若得全身真奥秘，全凭内外天地翻”，即要想理解本功法的真谛，必须多多习练该势动作。蹲丹田的身体姿态由“三圆”（颈项圆形、胸腹圆形、腿弯圆形）构成。圆内含阴阳之势，又阴阳相合，浑然一体。圆则易滚，滚则易进，在行拳的过程中变化为各种方向的旋转，展开螺旋式的进攻，威力强大，无坚不摧。身体在中轴线上蜷曲、舒展，柔和运动，非常有利于经络的疏通，裹胯提肛利于生发阳气，展身提肛，上顶百会利于引气上行，含胸扣肩利于气归丹田，能量沉降凝聚，这一系列动作是实现炼精化气、养神蓄力、贯通周天的关键性动作。道家理论认为人的修炼有四个层次，即炼精化气、炼气化神、炼神还虚，炼虚合道，我们不追求成道成仙，但久久练习却可使人气血两旺，经络畅通，百病不生。从解剖学看，束身、展体运动是脊柱做波浪式运动，是一种缓慢的有氧运动，对内脏形成挤压按摩，促进体液的流动，改善细胞的营养和生存环境，能有效增进人体健康。此外，关于动作所涉及的提肛、含胸、裹胯、翘趾、仰头、目视鼎、舌抵上腭等要领的健身原理，在第二章的周天与经络部分有所阐述，这里不再赘述。

放松与宁静是养生功法练习的重要要领。古人认为，心神要清净无物，无物则气行，气行则绝象，绝象则觉明，觉明则神气相通，万物归根。放松与宁静是要求人在练习动作过程中，逐渐抛弃杂念与俗念，是人回归自然、回归清净本性的过程，只有这样才能慢慢恢复先天之本能。在练习的过程中，始终保持安静、专注、放松的状态，久而久之就会形成以意领气，以气运身，意到气到，气到力到，身、心、意、气协调统一的运动境界，使人体经络通畅，精气饱满，达到祛病延年的效果。正如《内经·摄生篇》所言：“恬儋虚无，真气从之，精神内守，病安从来。”练功时也只有当心安静下来了，身心才是统一的，每个动作之前是意念先动，然后身体随之。

戴氏心意拳养生功法还十分重视意念对气血的引导，强调动作与意念配合，或引导呼吸，又或引导气血循周天运行。在束身时强调眼睛看鼻尖，仰头鼻对脐（即丹田）下落，慢慢放松束身，感觉像是头、肩慢慢塌陷进入丹田一样，这样引导任脉气血向下运行至丹田。正如拳谱歌诀《引气法》云：“目观鼻，鼻对脐，处处行迟不可移。撤开二六连环锁，一点灵光吊在眉。”在展身时，要求身体立直时瞪眼微上看，内视头顶百会穴，双脚下踩，十个脚趾抓地，像挑起一担东西一样慢慢站起，然后两肩部放松下沉，提肛，下颌微收，百会上顶，有顶破苍天之感，这是在用意念引导督脉的气血上行至百会。正如《习拳歌》中所云：“腰脊中正顶劲领，气遍周身任督行。”强调意念对气血的引导是该养生功法的独特之处，也是功法养生健身效果奇佳的重要原因之一。

戴氏心意拳第二代祖师戴文熊言：“盖熟能生巧，巧能生妙，妙能生化，化之至焉。与伦矣，若是技也，非仅技，技而近乎道也。”[①]第五代戴氏心意拳大师王映海指出，练习束身法时要中正、绵柔，下蹲时，“要顶心塌手心（丹田小腹内），手心塌脚心；展身法时，从脚心发起到天门，要通透，要缓慢，还要有膨胀横圆之意”[②]，好似圆柱膨胀出来一样，才是束展内劲发放圆满的劲道。第五代大师段锡福说：“练功要每天都有新的发现、新的感悟、新的体会，使内气的运行先有热的感觉，然后胀的感觉，再有冷的感觉，

①董文全. 祁县戴氏心意拳［M］. 太原：山西人民出版社，2016：150.

②王毅编. 戴氏心意拳功理秘技［M］. 北京：北京科学技术出版社，2017：87–88.

才可能产生内劲，才算入了拳的门。”[①]初练慢且柔，意念运周身，前升与后降，循环莫须停。华池生玉液，过关如雷鸣，修持不间断，玄妙语难容。穆金桥师父说：“通过天长日久的练习，丹田会具有灵性，可以躲避一切来犯之敌，也可以抗拒一切来访之敌。”

该动作为核心动作，可重点反复练习，经过一段时间的练习，自会收获良好的健身效果，并将出现一些神奇的身体感受。这是人们从西方的体育健身运动中无法达到或无法体验到的一些别样身体感受。譬如，有人肠鸣，排气增多；有人丹田跳动，如有虫动；有人口水增多，由上汩汩而来；有人部分穴位跳动，如同心跳；有人丹田发热，暖融融的一团热气汇聚于此，煦暖全身，舒适无比；有人腿脚温暖，如泡脚一般舒适；有人腰部发热，背部渐暖，上下贯通，如沐春风；有人经络渐通，如冰见暖，丝丝延伸开裂，直至冰消雪融，通达舒畅，会感觉似乎有一股热流沿着任督二脉慢慢涌动，逐渐打通三关，形成周天循环。还有人会出现酸、麻、胀、电等感受，这些都是正常的身体反应，不必在意。随着功力的加深，丹田若有一球，由小渐大，功力高深者甚至可增至满腹，动动自然，百邪难侵。练功过程中出现的各种身体感受是因人而异的，绝不可强求。当身体产生正确反应后，人的精力会越来越旺盛，中气十足，不易疲劳，不易生病，练起功来会有如痴如醉、乐在其中的感觉，此时也是真正领悟要领之时。故有人说练拳必须是“身体懂了，才是真懂”！真正懂得了各个要领的含义，也就理解了祖师 “若是技也，非仅技，技而近乎道也”这句话的涵义了。

①王毅编. 戴氏心意拳功理秘技［M］. 北京：北京科学技术出版社，2017：91.

第二节　戴氏心意拳养生功静功

第一势　吐故纳新

1. 动作

预备势：双脚并行站立，脚尖与脚跟都紧贴；双手自然垂于体侧，似握非握。目光平视。下颌微收，舌抵上腭，定身守意，意想安详舒适，精神放松，呼吸平静。（图4-20）

图4-20

起势：双脚并行站立，脚尖和脚跟都紧贴；双手成自然掌，放松交叠在丹田处，使双手劳宫重叠置于丹田前方，男性左手在外，女性右手在外。双手的这一动作，在戴氏心

意拳中称为“抱丹田”。目视前方，舌抵上腭，收臀提肛，排除杂念，心定神宁，清净无物。（图4-21）

图4-21

一动：双手经身体中线向上抚行（“摩经抹镜”的手法）至胸口中间分开（图4-22），分别经两胸向双侧抚行，经腋下时双手成勾手（图4-23），勾尖向上，向后慢慢伸直，然后经两侧水平向体前绕行体前，勾顶相对。身体和双脚保持不动。（图4-24、图4-25）

图4-22

图4-23

图4-24

图4-25

二动：双手从身后平行绕至体前，勾手变掌，并旋转前臂变为掌心向下（图4-26）。向后转动丹田，束身屈膝；与此同时双手塌腕立掌，徐徐下按，在束身结束时落至大腿前。束身应仰头抱肩，含胸拔背，提肛裹胯，屈膝弯腿，脚趾翘展，渐渐用口呼气。目光由平视转为观鼻尖、观丹田。（图4-27）

图4-26

图4-27

三动：丹田向前转动，做展身运动。展身同时双手翻掌向上，在体前徐徐托起，用鼻吸气，吸气完毕时，双腿伸直，手亦举到头上，双臂立直，向上牵拉身体。此时下颌微收，百会微上顶，尾闾微前提，提肛，双脚十趾抓地，目光平视，内视百会穴。（图4-28、图4-29）

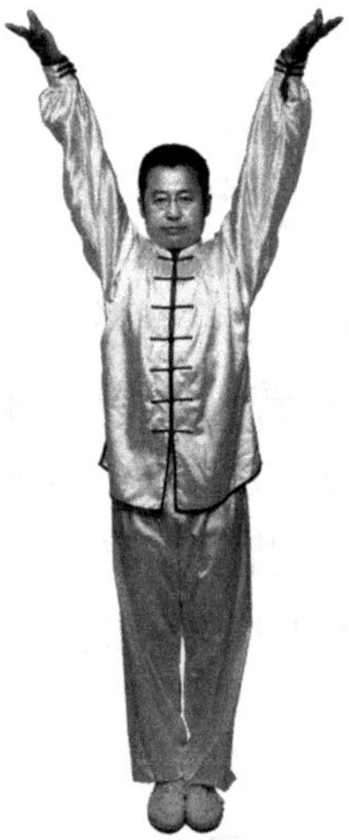

图4-28

图4-29

四动：百会上顶后双臂内翻，双手塌腕，掌心向下（图4-30），做束身动作。束身同时手臂徐徐下落，以肩带肘，以肘带手，三节随动，直臂落到大腿前侧。束身应仰头抱肩，含胸拔背，提肛裹胯，屈膝弯腿，脚趾翘展，渐渐用口呼气。目光由平视转为观鼻尖、观丹田。（图4-31）

图4-30

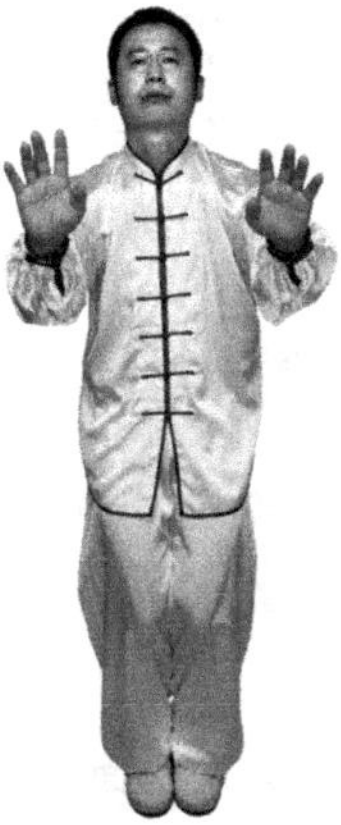
图4-31

如此呼吸和意念配合，反复托举下按9次结束。

收势：当第9次抬臂吸气结束时，双手在头顶前后交叠，一手前（男左女右），一手后，双手手心向后（图4-32），徐徐下落至丹田，还原于起势抱丹田姿势，微微提肛，百会穴上顶，内视百会穴。（图4-33正面、图4-34侧面）

图4-32

图4-33正面

图4-34侧面

2. 要点

束身与展身动作中所涉及的含胸、拔背、仰头、裹胯、抱肩、提肛、脚趾翘展、脚趾抓地、内视百会及意念的引导等要领，均与蹲丹田动作相同，这里不再赘述。

呼吸与蹲丹田有所区别，展身吸气，束身呼气。要求鼻吸口吐，呼吸均匀细长，深入丹田。吐气时舌尖由先前的抵上腭向后卷，变轻抵口腔上壁，微张口呼气。

下蹲时双膝和鼻尖不过脚尖，脚尖、膝尖和鼻尖在同一垂直立面上，形成“三尖相照”。

双手上托和下落时，是丹田滚动而带着手运动的。手上举是由丹田前滚，带动躯干，躯干带手臂，而慢慢催起；双手下落时是由丹田后滚托着双手徐徐下落，如“鹅毛沉底”。

3. 易犯错误与纠正方法

（1）手臂和腿不同步运动。即手臂上举和腿的蹬伸不同步，手臂的下落和下蹲、翻胯不同步，这是一种典型的没有用丹田或胯带动身体运动的错误。初学者常常不知丹田的感觉，应不断感受由胯关节带动身体进行运动，使身体协调一致，逐步做到手上举完毕腿即蹬直，下落完毕，屈腿裹胯也完毕。随着丹田感觉的出现，应由丹田滚动而带动着手和腿的运动，手上举是由丹田前滚而慢慢催起；双手下落时是由丹田后滚托着双手徐徐下落，如“鹅毛沉底”。

（2）臀部后撅。初学者难以掌握裹胯或翻髋的动作，臀部无法收回，后凸明显。练习者下蹲时应注意尾闾前顶，或耻骨前顶，使小腹上翻，如无过多腹部脂肪，腹部应成弧形。此时，腰部自然向后凸出，腰曲消失，臀部收回。应通过反复单独练习裹胯动作，或通过静蹲裹胯的方法加以纠正。单独练习裹胯时，可以先直腿练习胯部动作，然后运用到下蹲的动作中；静蹲裹胯练习时，可以自行调整好动作，保持不动，也可在教师的指导调整后，静蹲裹胯练习，提高动作的稳定性，逐步减少错误。

4. 拳理

中医理论认为，呼气时浊气上升，清气下降；吸气时清气上升，浊气下降。本节功法正是遵循此原理进行运动的。要求呼吸要均匀细长，在身法上要求展吸、缩呼，即舒展身体时，扩大胸腔，吸入更充分；下蹲束身时，使身体里的气体受到挤压，呼出更充分。让身体里的浊气与外界新鲜空气充分交换，形成“吐故纳新”。双手上托，不仅扩大了胸腔，还能够牵拉手臂内侧的心包经等阴经，牵拉躯干的经络，理顺三焦，促进经络的舒畅通达。这一势主要恢复人的精气神，习练后让人整天精神饱满。

在戴氏心意拳养生功中多次出现“抚行”这种动作，在本功法中称为“摩经抹镜”的手法，即要求手部动作像擦拭镜子上的污点一样，力量不大不小地按照一定的路线滑动，按抚自己的身体，引导自己的意念，使经络更加畅通，并增强皮肤的敏感性，提高技击接触时的感知能力，为快速反应打好基础。

扫码看视频

第二势　蹲丹田

1. 动作

起势：双脚并行站立，脚尖和脚跟都并在一起；双手成自然掌，放松交叠置于腹前，成“抱丹田”姿势；目视前方，舌抵上腭，心定神宁。（图4–35）

图4–35

一动：丹田向后滚动，带动双腿屈膝下蹲束身。身体在下蹲同时慢慢仰头、抱肩松肩、含胸拔背、裹胯提肛，齿唇合闭，用鼻吸气。仰头是裹胯带动脊柱的被动行为，角度大约20° 左右，感觉“头落于枕骨”或“额头落于丹田”，由目视前方逐渐变为眼观鼻尖；抱肩是双肩向前合抱，松肩也感觉肩沉落于丹田；裹胯是指尾闾前提，腹部上翻，腰部命门后顶的翻胯动作；吸气要均匀细长，采用顺腹式呼吸。下蹲束身同时，双脚十脚趾逐渐上翘舒展；双手由腹前沿大腿内侧慢慢下落，并逐渐向外翻掌，翻至手心向前，手背贴腿，两小指并拢，双肘贴身，逐渐伸直。然后双手继续微微外旋，使两小指侧手掌外凸向前，并微微内夹双肘、双膝，提肛。意念方面要求心想“眼观鼻，鼻对口，口对脐（丹田）”，沿任脉随动作向下引导至丹田。该动作为“束身法”，体成“三圆”，即颈项圆形、胸腹圆形、腿弯圆形，如猴子观景。（图4-36正面、图4-37侧面）

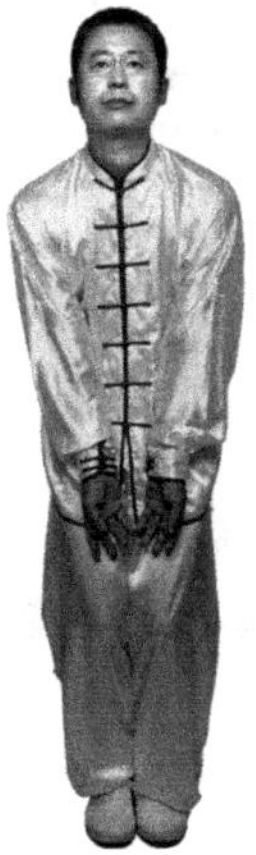

图4-36　正面

图4-37　侧面

二动：丹田前滚带动全身舒展，十脚趾抓地，蹬地伸膝，立髋展体，正头竖项，逐渐舒展为直立；与此同时，双手臂内旋屈肘，肘贴双肋，微屈腕，双手如水中捞物一样托起。当双腿逐渐伸直（腿直而不后曲）的同时，两肩展开，双手内翻交叠，抱按于丹田，形同起始的抱丹田动作。当双腿站直瞬间，百会穴上顶，竖项收颌，下颌有压喉之感，头有顶上蓝天之感；双目微瞪眼上视，内视百会，双肩下沉，松腰，提肛，尾闾微微前提，脚下踩，有脚踩入大地之感。上顶百会和尾闾前提将整个督脉上下对拉。该动作为“展身法”。意念由观丹田滚动，带动躯干逐渐舒展，转为内视百会穴。（图4–38正面、图4–39侧面）

图4–38　正面

图4–39　侧面

将一动和二动重复进行9次后，收势于直立抱丹田动作。（图4–40）

图4–40

2. 要点

（1）呼吸要鼻吸口吐，初练要呼吸自然，逐渐体会呼吸与动作协调一致。待动作熟练，身体能够松下来时，逐步改用顺腹式呼吸。顺腹式呼吸吸气时，小腹放松，束身吸气，鼓小腹；展身呼气，缩小腹。

（2）要求下蹲时要鼻尖、膝尖、脚尖“三尖一线”，尤其注意膝盖不过足尖，重心落在脚心，而非脚跟。保持足底受力不偏不倚，始终均衡。

（3）习练时要通过慢练达到全身放松的目的。只有慢练，神经才能感受到身体微小变化，感受到局部是否放松，只有慢练，思绪才能跟着慢下来，逐渐进入松柔的状态。练习的初级阶段应尤其注意束身和展身末尾转换阶段的慢练，要等待大脑把各方面的信息处理完毕，再进入下一环节。束身放松，感觉身体由上向下松沉至脚下，有先师用“顶心”塌“脚心”来形容这种正确的感受；展身时百会穴徐徐上顶领起，两肩等身体其他部位全部自然向下松沉，头顶后部有“顶破苍天”之感。

（4）身体的起落都是由丹田带动的。该动作下蹲时为“束身法”，站起时为“展身法”，束身时丹田向后转动，丹田有“下沉、前去、上翘”之意（图4–41）；展身时丹田向前转动，丹田有“上拱、前去、下压”之意（图4–42）。束、展均以丹田为轴心带动身体运动而起落。为了方便理解，作一形象比喻，丹田如卷轴，胯、躯干和头共同组成卷尺。束身时，裹胯束身动作就是丹田横向为轴，向后转动，带动卷尺收缩卷起，周身有聚向丹田的感觉；展身时，丹田向前转动，身体如卷尺伸展开来，有由丹田向四周舒展开的感觉。初学者多无法理解和体会丹田滚动和聚、展，应先从练习裹胯动作入手，慢慢体悟。

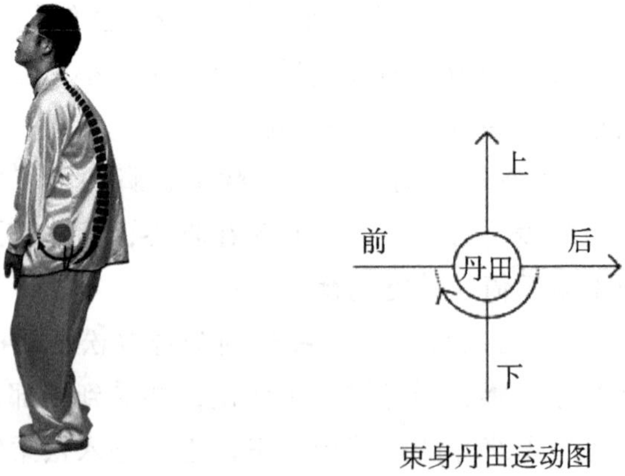

图4–41 束身

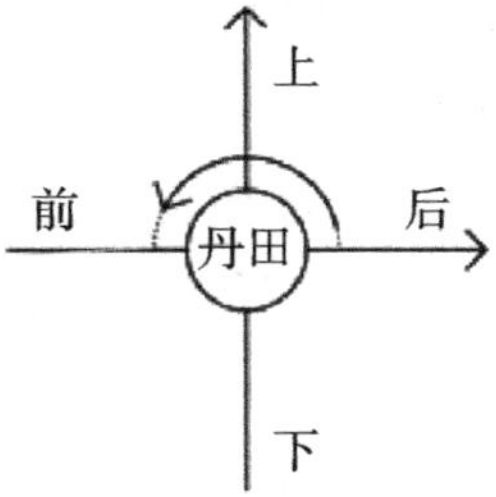

展身丹田运动图

图4–42　展身

（5）裹胯是指在下蹲过程中，丹田后滚，带动胯向后倾倒，尾闾前提，命门穴后撑、打开的过程（图4–41）。裹胯的同时小腹会自然上翻，向胸部靠近，与抱肩弓背配合，很容易形成松胸实腹，久练之后会感受到丹田滚动。拳谚云“若得全身真奥秘，全凭内外天地翻”，这里的内天地翻就是形容这一要领，它把胸比作天，丹田或下腹比作地；外天地翻则是指仰头动作，这里额头是天，下颌是地。裹胯同时必须提肛，提肛是收提肛门和前阴部，保证阳气不外泄，是实现“练精化气”的关键一处。故师父在教授此动作时习惯用肛门前提来强调裹胯这一动作。也有人形容裹胯像猴子将尾巴经两腿中间向前、向上、向丹田卷收的感觉。凡此种种都是强调丹田为人体运动的中心，是一种练习的感受，不可不知，也不可强求，因为感觉会因人而异，我们练习掌握动作要领才是关键。后文中的所有束身和展身动作都遵循此要领，将不再赘述。

（6）抱肩是指两肩胛骨微微向前，并自然下垂，使背部脊柱自然略后凸，胸口内含凹陷，使肩部形成前抱的动作。由于两肩形似鹰的肩膀一样，故有“鹰膀”之称。

（7）含胸拔背。由于肩部前抱、翻胯、前提尾闾，使躯干弯成弧形（图4-17），胸部自然形成了凹陷，对腰部形成牵拉，后背突出，此为含胸拔背。含胸后使胸部自觉虚空，尾闾前提托住丹田，久练之后，自觉小腹充盈，此谓“虚胸实腹”。

（8）动作要轻灵柔和，连绵不断。轻灵柔和主要是指放松地完成动作；连绵不断指动作、意念、呼吸等要连贯，形成势势相连，动动相连，毫无停滞。

（9）初学者练习过程中要以意为先，以意领动，以意导气，循环不止；当动作完全熟练，意念也能够控制好后，一切运动都是在自然、放松、无意识中进行，从而进入到更高的练习阶段。通常练功有两个难点难以征服，一是身体的劳累、疼痛难以克服；二是心里受杂事所扰，难以专心练习。为了控制人的心境，祖师们的传授，是“以一念代万念”的方法来控制我们的心理活动，使其专心练功。戴氏心意拳养生功中的每个动作实际都是一种意念练习，每个动作都可用意念引导完成，控制意念不散乱，并且强调无论动作快慢，动作都应随着意念的运动而运动，形成身、心、意、气协调统一的运动。对于初学者首先应注意身体各个部位的动作要领，不断调整身体，做到动作正确，而后逐步将呼吸与动作协调配合。蹲丹田束身时观鼻、观口、观胸（内涵）、观丹田（滚动）；展身时观丹田（滚动）、观百会，如此循环不止。等熟练后，意念、呼吸和动作等将会配合得协调一致，无需大脑处理过多的信息时，动作将更加柔和、优雅、连贯，协调一致。

3. 练习方法

（1）静态束身练习。在教师指导下或自己调整后，达到标准的束身姿势，站在一个舒适安静的地方保持不动，持续一段时间。不断集中注意力，放松身体，感受颈松、肩松、胸松、腰松、两臂松、双腿松、双脚趾放松，上身松沉于脚底，逐步去掉僵劲。这种练习容易使大脑和肌肉形成记忆，形成动作定型。每次练习静蹲的时间长短应根据个人体能而定，随着练习次数增多逐渐增加时间。此外，也可静态与动态配合练习，提高动作的稳定性，逐步减少错误，尽快掌握动作。

（2）慢练，不断放松。身体的起落都慢如“鹅毛沉底”，绵绵如抽丝。慢练是练习蹲丹田功法的秘诀之一。古有拳谚：“慢练为功，快练是拳。”只有慢慢的运动才能使身心更容易放松，更容易使大脑感受肌肉、骨骼和丹田的状态，这样不断调整，臻于完善。只有慢慢的运动才能感悟到更多的身体变化，渐渐提高功力。

（3）利用标志物辅助练习。比如，习练时面墙而站，脚尖抵墙，在与眼睛同高的前方画一标志线，然后开始练习。这种方法对初学者纠正“三尖不齐”有很好的效果。在练习过程中，眼睛盯着墙上所画标志练习蹲起，对于体悟“头落于枕骨”也有很好效果。

4. 易犯错误与纠正方法

同基本功中蹲丹田，不再赘述。

5. 拳理

扫码看视频

同基本功中蹲丹田，不再赘述。

第三势　大鹏展翅

1.动作

起势：两脚开立，舒适为宜，通常比肩稍宽，脚尖稍内扣，放松站立；双手交叠于丹田前，成抱丹田姿势；目视前方。（图4–43）

图4–43

一动：两脚不动，身体向左转动，以胯带肩，微屈膝下蹲，成半马步；双手体前分开，变手心向上，由体侧上举。身体左转90°，转至左肩向后、右肩向前时，双手抬至头顶上方10厘米左右的高度，眼看左手，双手中指稍内勾（图4–44）。然后柔和地向内卷手、翻掌，变手心向下，慢慢落手（图4–45），回转身体，双腿渐渐站直。要求“手起，身落，转身”同时开始，“手落，身起，回转”同时结束。

图4–44

图4–45

二动：二动与一动动作相同，方向相反。两脚不动，身体向右转动，以胯带肩，微屈膝下蹲，成半马步；双手体前分开，变手心向上，由体侧上举。当身体转至右肩向后、左肩向前时，双手抬至头顶上方10厘米左右的高度，眼看右手，双手中指稍内勾（图4–46）。然后柔和地内卷手、翻掌，变手心向下，慢慢落手（图4–47），回转身体，双腿渐渐站直。

身体再次站直时，双手落于体侧。然后身体向左转动，继续一动的动作，如此反复。左右为1次，9次结束。

图4-46

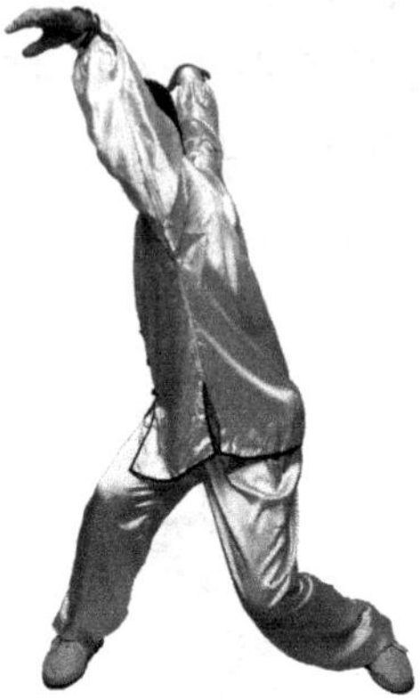
图4-47

整个动作中，抬臂吸气，落臂呼气，呼吸均匀、细长、深入。

收势：右侧动作完成后，双脚保持开立姿势，双手抱丹田。（图4-48）

图4-48

2. 要点

（1）该势要求“手起，身落，转身”同时开始，“手落，身起，回转”同时结束。这一要领是保证周身动作协调一致的关键，使动作更加柔和、飘逸、美观，像一只大鹏鸟在展翅飞翔。随着日积月累的练习，习练者将慢慢体会到每次动作的起落都由丹田带动而完成，抬手时丹田沉降并侧转，下落时丹田上升并回转。

（2）此动作左右为1次，要求完成时头向左旋转180°，再向右旋转360°；双手前后摆动，也达180°，以此确保身体转动充分，牵拉到位。

3. 易犯错误与纠正方法

（1）转体角度不够。身体的转动要求是头部由前向左转180°，再由前向右转180°，双手前后摆动180°，腰由前向左转约45°，由前向右转45°。练习者可以在正前方和正后方设立一个标准物，当转体时，上臂与肩、胸部要平直，当肩部转动至标准物时，肩、手与标准物三点一线时再停止转动，这样保证转体到位，对脊柱和躯干形成良好的扭转牵拉。

（2）“身落手起”与“身起手落”不协调。要纠正这一错误，要求练习者不断体会身体带上臂、带前臂、带手的柔和放松运动。随着练习的增多，逐渐体会到丹田的升降带动手臂在运动，即节节相带，节节贯穿。

（3）手抬的高度不够。手抬高度需略高于头顶，使肩胛骨高提，感受到手臂抬起对腰背部的良好牵拉即可。

（4）跪膝。由于本势动作左右转动角度较大，膝关节应微弯曲，而不能过度弯曲，双脚左右距离也不应太大，否则会形成扭转式跪膝，对膝关节的韧带牵拉过大，当重复次数过多时，损伤膝关节。如果做此动作时膝关节感觉不适，应缩小两脚距离，提高下蹲高度，或适当以脚掌为轴微微转动，缓解转动下蹲对膝关节、韧带的牵拉强度。

4. 拳理

本节动作主要是通过躯干的左右扭转，形成对内脏的挤压按摩，对脊柱的旋转按摩；通过手臂的上下运动，牵拉腰背的经络，使血液循环通畅，营养更加充分，神经更灵敏，从而改善人体健康。现代人的生活，多数人是以某种固定身体姿势进行长时间工作，一部分身体部位过度使用，另一部分则得不到有效锻炼，容易引起某一部位的僵化疲劳或循环不畅，久而久之形成病灶。本节功法主要通过扭转、牵拉、挤压人体的重要部位躯干，起到了良好的舒经活络、改善循环、缓解疲劳的作用，对修复腰椎和颈椎的一些病患也有良好效果。

扫码看视频

第四势　两肘护肾不离肋

1. 动作

起势：双脚开立，舒适为宜，通常比肩稍宽，脚尖稍内扣；双手交叠于丹田处，成抱丹田姿势。（图4-49）

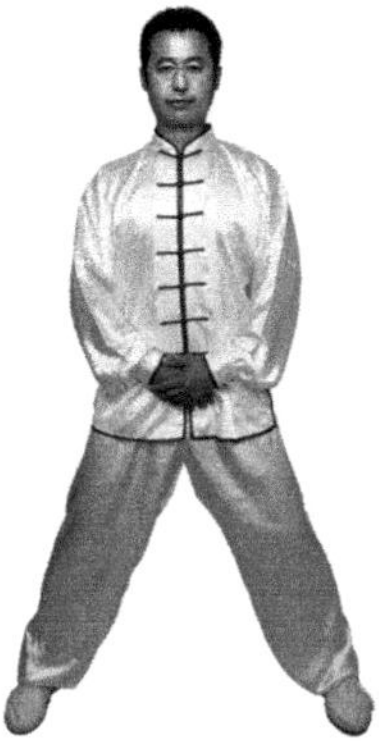

图4-49

一动：左手由掌变拳，拳心向上，右手成掌，掌尖向下，立于左手拳面（图4-50）；屈膝下蹲，膝盖不过足尖。右掌边转动立掌，边微用力推动左拳循腰向左滑行，躯干和头部也同时向左转动，带动双肘紧贴肋部滑行。当转到极限后，眼睛也尽量向左后观看，吸气提肛（图4-51～图4-53）。然后，左拳变掌，掌尖向下，右掌变拳，拳心向下，随着身体的回转，左掌边立掌边推右拳循腰原路线返回。当左掌运动到肚脐前时逐渐转为掌尖向上，右拳拳心仍向下。

图4-50

图4-51

图4-52

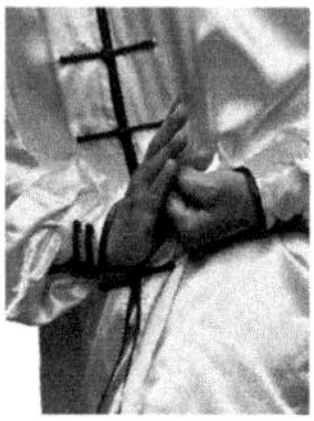

图4-53

二动：二动与一动动作相同，方向相反。左掌立掌推右拳继续向右转动，右拳逐渐向外旋转，变拳心向上（图4-54），丹田也带动躯干和头部同时向左转动，双肘紧贴肋部滑行（图4-55）。当身体转到最大角度时，拳掌也推到极限。同时目视右后方，吸气提肛（图4-56）。然后，右拳变掌，掌尖向下，左掌变拳，拳心向下，随着身体的回转，右掌边立掌边推左拳循腰原路线返回。当右掌运动到肚脐前时，逐渐转为掌尖向上，左拳拳心仍向下。

图4-54

图4-55

图4-56

右掌立掌继续推左拳向左转动，左拳逐渐外旋变拳心向上。与一动相同。如此反复。整个动作应配合呼吸完成，向后转体和回转为1次呼吸。左右为1次，9次结束。

收势：右侧动作完成后，双脚保持开立姿势，双手抱丹田。（图4-57）

图4-57

2. 要点

（1）双手和双肘在左右旋转过程中都要紧贴腰部。

（2）左右旋转时躯干和头部要旋转到最大角度，躯干扭紧，但无不适感，稍作停顿，做充分牵拉，再向回转动。

3. 易犯错误与纠正方法

（1）肘部离开身体。在转动的过程中要注意轻轻夹肘，使其在转动的过程中不离开肋部，尤其是快转到极限时，更应调整拳与肘的位置，以保证肘部贴肋为主，拳可稍离身。

（2）拳心朝向错误。此节动作要求一手握拳，一手立掌。握拳手转动过肚脐后，逐渐转为拳心向上；过脐部前应为拳心向下，因为由立掌变为握拳时，拳心自然向下。

（3）跪膝。由于本势动作左右转动角度较大，膝关节应微弯曲，而不能过度弯曲，否则会形成扭转式跪膝，对膝关节的韧带牵拉过大，重复次数过多对膝关节不利。

4. 拳理

本节功法健身原理与第三节有许多相同之处，主要以在纵轴方向上旋转躯干，对内脏和脊柱形成良好的牵拉、按摩，起到舒经活络的作用。不同之处是本节动作的双手一直在腰侧沿着带脉来回摩擦运动，引导意识疏通带脉，起到强身健体的作用。带脉是人体奇经八脉之一，是唯一横向贯通的经脉。人体纵行之脉有足之三阴经、三阳经，任督二脉，阴、阳二跻脉，它们皆受带脉之约束，由带脉横向联络贯穿，形成整体。长期缓慢的按摩刺激带脉能强腰固肾，有效增进泌尿系统、生殖系统、大肠部位的健康，尤其对男女生殖系统方面的疾病恢复和预防具有良好效果。

扫码看视频

第五势　扭转乾坤

1. 动作

起势：双脚开立，比肩稍宽；双手腹前交叠成抱丹田。（图4–58）

图4–58

一动：以丹田为轴心，以胸部以上部位为半径，以头顶为末梢，进行绕环运动，其他身体部位不动。首先由微仰头右倾开始，向左绕环，放松转动9圈。（图4–59～图4–62）

图4–59

图4–60

图4–61

图4–62

二动：当头部转动到体前低头时，转换方向，向右绕环。以丹田为轴心，以胸部以上部位为半径，以头顶为末梢，进行绕环运动，胸口以下部位基本不动，放松转动9圈。（图4-63～图4-66）

图4-63

图4-64

图4-65

图4-66

三动：当向右转动9圈结束时，头部转至正前方，双手合掌，掌尖向前下，随着头部抬起，双掌在体前抬至胸前，并逐渐起身，旋转立掌（图4–67）。头部将立直时，双手慢慢向下落，成抱丹田姿势，气沉丹田。（图4–68）

图4–67

图4–68

2. 要点

（1）转动的过程中脊柱要放松柔和，越放松健身效果越好。

（2）转动时丹田是绕动的动力之源，以丹田转动带动上体的绕转，胸部以下部位几乎不动，慢慢感受丹田带动头部的转动。

3. 易犯错误与纠正方法

（1）颈部僵硬或耸肩。由于身体放松程度不够，造成转到后部时颈部僵硬，或转至侧面时，肩部耸起。应放慢转动速度，体会脊柱每一节的放松，转动到每个角度都是只支撑头部的重力，而不用多余的力量。尤其当头转动到侧面和后面时，应尽量柔软，舒展脊柱，体会由丹田带动的慢慢转动。

（2）转动幅度过小或过大。转动中的幅度大小，主要体会用丹田带动上体转动，但丹田不能晃动，只能原地旋转。因此胸部以下部位不动，肩部可随动；颈部完全放松，头部自然下垂，进行绕环运动。

4. 拳理

该节动作简单易学，却作用非凡，不可小觑。在中国古代其他的养生功法中也有此相似动作，又名“摇天柱”。从中医的角度看，这种放松的绕动，对人体督脉上段的刺激十分明显，有效地挤压、牵拉了颈部和胸椎的相关经络和穴位，如大椎穴、肩井穴、天柱穴、风门穴等，促进它们的气血流动。前文中有阐述，脊柱是人体众多神经的重要通道，经常柔和缓慢的绕动练习，具有重要的养生保健作用，尤其是对防止颈椎病有特殊效果。故此势功法对长期伏案工作的人群保护颈椎、锻炼颈椎有着十分重要的意义。现实中也确有许多练习者在长期习练这一动作后，颈部和腰部的无名疼痛都消失了，倍感受益。

扫码看视频

第六势　打通三关达四梢

1. 动作

起势：接上势。微收左脚，两脚仍为开立，与肩同宽，自然放松站立；双手抱丹田；目视前方。（图4–69）

图4–69

一动：双脚开立不动；双手保持交叠状态，用“摩经抹镜”的手法从丹田向上沿身体中线抚行至胸部（图4–70），然后两手左右分开，经两乳向两侧抚行。

图4–70

二动：双手手心向上穿过腋下至体后（图4-71），双手手心抚背，虎口向下，手掌贴后背，指尖相对，按于脊柱两侧（图4-72），用“摩经抹镜”的手法向下推行，至尾闾分开至两侧（图4-73），经胯侧，经双腿侧后（图4-74），俯身弯腰手行至脚踝（图4-75）。然后双手握脚踝向前绕至正前方。

图4-71

图4-72

图4-73

图4-74

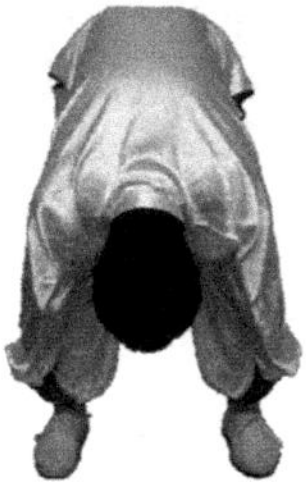
图4-75

三动：双手松开，体前屈，脊柱、肩胛骨均放松，双臂亦放松下垂，然后用尾骨或丹田将躯干和头部慢慢一节一节挑起（图4-76正面、图4-77侧面），直至身体立直，双手抱于丹田；瞪眼目视上方，内视百会穴，微微裹胯提肛，上顶百会，十脚趾抓地。（图4-78、图4-79）

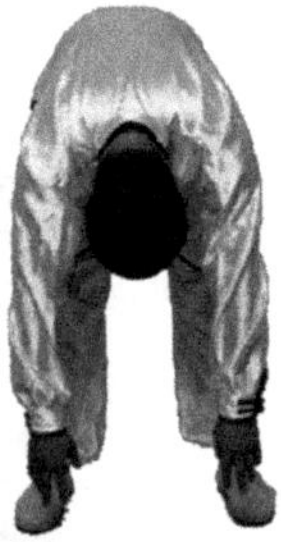

图4-76　正面

图4-77　侧面

图4-78

图4-79

上顶百会后，意念观鼻、观口、降至丹田，再随手而行，开始下一个动作循环。呼吸要自然均匀，不要憋气。如此动作配合呼吸和意念，反复做9次结束。

2. 要点

（1）双手运行到体后时尽量抬高，锻炼肩部关节灵活性，刺激肩胛骨内侧穴位和经络。

（2）用尾骨挑起身体时，脊柱、肩胛骨、肩、手臂都要注意放松，越松沉越好。体会一节一节地慢慢挑起，使背部保持一种张力，牵拉督脉。随着练习次数的增加，慢慢感受用丹田将身体慢慢挑起。

（3）每次立直后，要瞪眼，内视百会，微顶百会，微微裹胯，十脚趾抓地，上下牵拉脊柱。

3. 易犯错误与纠正方法

（1）起身时躯干不放松。首先体会双侧肩胛骨和手臂放松下垂，然后注意体会头部重力对脊柱的牵拉，使脊柱保持一种张力，慢慢抬起。这样通过逐个部位的放松，达到全身放松的目的

（2）上手穿过腋下后，没有用力高抬双手至最高点。双手过腋下后应尽量抬高按于脊柱两侧。

4. 拳理

这里的“打通三关”是指命门穴、玉枕穴、会阴穴，而非其他功法中所讲的尾闾穴、夹脊穴、玉枕穴。因为戴氏心意拳功法可以直接打通大周天循环，所以所说的三关与诸多练习小周天功法有所不同。三关是在练功的过程中，气血要完成大周天循环，也就是所谓的“开大周天”，这三关或三个穴位是难以通过的位置。通常循环到此部位时，会出现停

滞，需要积蓄相应的能量才能通过。

“四梢”是指肉梢、骨梢、血梢、筋梢。肉梢是全身的边枝末节部位的肉，如手指、脚趾上的肉，还有乳头、舌头等，均为肉梢；骨梢是指全身的骨的末端和牙齿；血梢是指全身的毛发，包括头发、汗毛、胡须等；筋梢是指身体的筋膜和指甲。有人认为双手与双足为四梢，这是不正确的。气生于骨而联于筋，肉为气之囊，血为气之海，气足充盈，四梢方足，体健精旺。拳谱有云：心一颤而四者皆至。四梢齐，而内劲出矣。盖气自丹田而生，如虎之恨，如龙之惊。气发而为声，声随手发，手随身而落。故一动而百枝摇，四梢无不齐，内劲无不出矣。

本节功法动作幅度较大，有体前屈对背部经络和腿部韧带的牵拉刺激；有慢慢起身对脊柱或督脉的牵拉刺激；有内视上顶对脊柱、督脉的牵拉刺激；有双手循着经络的抚摸引导，形成了对身体的大范围刺激，梳理了全身的气血，使其流动加快，能够达到身体的边枝末节，故称为“打通三关达四梢”。“三关”是指命门穴、玉枕穴、会阴穴；“四梢”是指肉梢、骨梢、血梢、筋梢。戴氏心意拳的先师们认为这节动作十分有助于大周天循环的形成。大周天的循环路径为：下丹田—尾闾—命门—夹脊穴—玉枕穴—百会穴—鹊桥—喉头—膻中穴—下丹田—尾闾—大腿阳经—绕足—大腿阴经—会阴穴—下丹田。

扫码看视频

第七势　猿猴献桃

1. 动作

起势：双脚并行站立，脚尖与脚跟贴紧；目光平视，下颌微收；双手抱丹田。（图4-80）

图4-80

一动：束身，同时双手由丹田向上沿身体中线用“摩经抹镜”的手法向上抚行，当手上行至喉，经颌下向前伸出。束身应仰头抱肩，含胸裹胯，长腰拔背，徐徐下蹲。身体下蹲时，意念与蹲丹田相同逐次观鼻、观口、观脐，同时吸气。（图4-81）

图4-81

二动：双手上下交叠，手心向上，由下颌向前伸出，大致与鼻同高（图4-82）；束身结束。双手逐渐内旋，使左手大拇指扣住右手大拇指第二关节（图4-83、图4-84），手心翻至向下时，手臂伸直（微微弯曲），吸气完毕。（图4-85）

图4-82

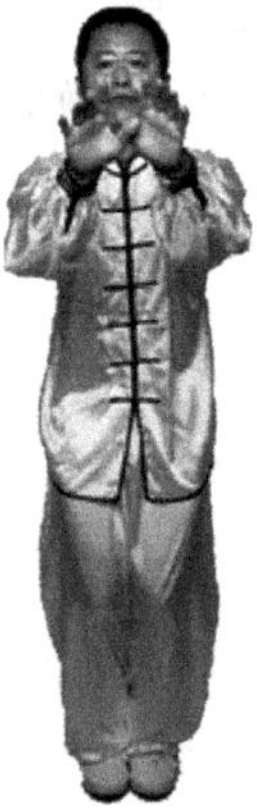
图4-83

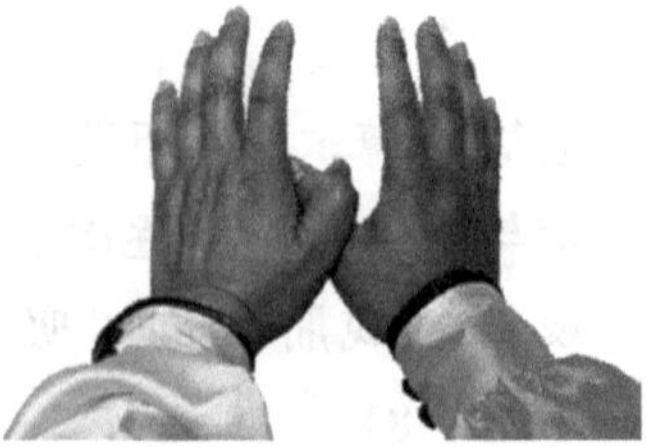
图4-84

图4-85

三动：做展身的同时，双手微微立掌，掌心向下，徐徐下落，身体开始慢慢舒展；双膝逐渐站起，慢慢呼气。双手落至丹田时身体亦站直展开，双手成抱丹田姿势，口呼气亦完毕。双手臂下落时应如“鹅毛沉底”一般轻盈、柔和，双脚十脚趾抓地。双手抱丹田后，微收下颌，微瞪眼斜上视，意观百会穴并上顶，同时微微裹胯提肛。（图4-86正面、图4-87侧面）

图4-86　正面

图4-87　侧面

如此循环运动，配合呼吸和意念反复托举、下按9次结束。

2. 要点

（1）初学时应多感受手起身落，手落身起，使束身、展身与手协调配合。随着练习次数的增加、功力的加深后能感受到双手上行时丹田催起；双手下落时感受由丹田托着双手徐徐下落。全部动作皆由丹田带动，柔和缓慢，起落皆如“鹅毛沉底”一样轻柔。

（2）本势动作呼吸规律为束身吸气，展身呼气。即当手从丹田向上移动时吸气；当手伸到体前高点时，落手呼气。呼吸要鼻吸口吐，顺腹式呼吸。吸气时气入小腹，吐气时舌尖由先前的抵上腭向后卷，变轻抵口腔上壁，微张口呼气。初学者可只做落手时呼气，其他以自然呼吸为主，逐渐拉长呼吸，以均匀细长为好。熟练配合后，再采用腹式呼吸。

（3）该势束身和展身时头部、躯干、胯部、腿部和脚的动作要求与蹲丹田完全一致，前文提到的“三尖一线”“裹胯”“抱肩”“含胸拔背”“连绵不断”等动作要点也完全一致，不再赘述。唯在此势动作中，在手臂带动下更容易感受到肩部的向前、内扣、下沉，更容易感受到丹田带动脊背，脊背带手臂的节节贯穿。

（4）意念的运行与蹲丹田也完全一致，要在连绵不断的动作中，保证意念运动的循环不断。

3. 易犯错误与纠正方法

该势动作是在蹲丹田的基础上发展而来，其基本身法与蹲丹田完全一致，故容易出现的主要错误也基本相同。如出现下蹲时双脚分开、后撅臀部、没有拔背、三尖不齐、前后左右晃动、身体僵化、膝盖疼痛等错误时，可参照蹲丹田的纠正方法进行改正，这里不再赘述。

除以上错误外，手的起落与身体起降不同步是练习本势动作容易出现的错误。初学者要不断体会手抬起与胯的翻倒、束身是同步的，下落时随着胯的立起、展身逐渐柔和下落，这样慢慢体会胯对手的带动，形成身法与手法配合的协调一致。随着练习次数的增加，身体放松达到一定境界，就会逐渐体会到丹田的存在，会体会到丹田对手的带动，丹田后滚，催起双手；丹田前滚，托着双手徐徐下落。这样形成周身一致，丹田一动，周身俱动。

4. 拳理

该势动作是将手法与蹲丹田的身法进行简单配合的一个基础动作，在戴氏心意拳养生功的动功中也有出现，唯增加了步法练习而已。它的健身原理与蹲丹田基本一致，主要通过束身法和展身法来练习丹田，牵拉脊柱或督脉，按摩内脏，形成良好的健身作用。此外，本势动作是要通过手法的变化来提高胯对手臂的带动能力，逐步体悟丹田对手臂的带动，形成丹田带动全身、周身一致的发力方法。同时，手臂的运动也引导意识的运动，从而会辅助气血的运行，促进练习者对丹田的体悟。

扫码看视频

第八势　引气法

1. 动作

起势：双脚并行站立，脚尖与脚跟贴紧；目光平视，下颌微收；双手抱丹田。（图4–88）

图4–88

一动：束身吸气，同时左手手心向下，用腰胯之力慢慢将手由腹前沿着中线抬高至口鼻高度；右手随左手而动，手心朝上，向前下伸出。然后左手臂屈肘立前臂，手心向前，肘部延身体中线下落，肘尖落于丹田上方。这时完成束身，即屈膝、裹胯、抱肩、含胸、仰头（头落于枕骨）、两肘微内夹、提肛、翘脚趾、意观丹田。完成此动作时有如用口把整个左前臂吞入腹中一样的感觉，吸气完毕。（图4–89正面、图4–90侧面）

图4-89　正面

图4-90　侧面

二动：束身放松调整后，十脚趾抓地，开始向上发力，慢慢呼气，用丹田把左肘部慢慢顶起，左手沿中线上行至口鼻高度时，向前弧线伸出、下落；右手也慢慢收回至丹田前，贴于小腹。左手臂继续弧形下落，立掌于小腹正前方，掌与地面约成45°角；右手微微上托，手心向上。在此过程中逐步做展身法，立胯直膝，最后提肛，微裹胯，微低头，双目微瞪上视，内视并上顶百会穴。（图4-91、图4-92）

图4-91

图4-92

三动：用腰胯之力带动左手柔和地在身体中线前方抬起（丹田向后滚动，图4-92），抬至口鼻高度时再屈肘回收至右胸前（图4-93），使虎口内贴身体；右手在左手上抬同时，也弧形向前上运动，在身体中线前方弧线抬起，手心由朝上逐渐翻转为向下。左手到右胸前后，由掌尖向上变向下穿手，过腹部使外旋手臂变手心向上；左手下穿时，右手臂抬至口鼻前方，开始屈肘立前臂，右肘渐渐屈肘下落（图4-94正面），吸气，有如用口把整个右前臂“吞”入腹中一样的感觉。感觉肘尖落于丹田前上方束身结束，右手收落于喉部前方，手心稍外翻，此时左手伸至腹前下方，手心向上。以上整个过程都是配合束身动作完成的，在身法方面要求变为仰头、含胸、裹胯、屈膝、提肛、翘脚趾、意观丹田。（图4-95侧面）

图4-93

图4-94正面

图4-95侧面

四动：束身放松调整后，十脚趾抓地，开始向上发力，慢慢呼气，用丹田把右肘部慢慢顶起，右手沿中线上行至口鼻高度时，向前弧线运动；左手也慢慢收回丹田前，贴于小腹。右手臂继续弧形下落，立掌于小腹正前方，掌与地面约成45°角；左手微微上托，手心向上。在此过程中逐步做展身法，立胯直膝，提肛，最后微裹胯，微低头，双目微瞪上视，内视并上顶百会穴（图4–96、图4–97）；然后，动作与三动相同，左右相反至完成一次。（图4–98、图4–99）

图4–96

图4–97

图4–98

图4-99

此势动作左右动作相同，方向相反，双手大多在身体中线前上下弧形运动。左右为1次，如此配合呼吸和意念反复9次结束。应在左手立掌、右手横于丹田时结束动作，方便衔接下一动作。（图4-100、图4-101）

图4-100

图4-101

2. 要点

（1）初学者应感受手的运动是由腰胯带动的。随着练习次数的增多，身体越来越放松，逐步体会到丹田的存在，应感受到是丹田向后滚带动手在身体中线前慢慢抬起的，把手肘从口吞入腹中；是丹田前滚动，把肘手从口中吐出，又慢慢放下的。全部动作皆由丹田带动，柔和缓慢，起落皆如“鹅毛沉底”一样轻柔。

（2）呼吸和动作配合的基本规律是：束身时吸气，展身时呼气。双手在胸腹前做圆形运动，像抟球一样，由于手臂相对于躯干动作较多，故束身时可采用一次呼吸循环加一次吸气来配合；展身时以呼气来配合，这样两次呼吸做一次束展动作。初学者可采用自然呼吸的方式练习，当然动作熟练后也可以按照自己的练习速度配合呼吸，但不可违背束吸、展呼的基本原则。再进一步提高时，呼吸应用腹式呼吸，与动作协调配合，要均匀、细长、深入，不可憋气。

（3）该势动作束身和展身时，头部、躯干、胯部、腿部和脚趾的动作要求与蹲丹田完全一致，前文提到的“三尖一线”“裹胯”“抱肩”“含胸拔背”“连绵不断”等诸多动作要点也完全一致。

（4）意念的运行与蹲丹田也完全一致，要在连绵不断的动作中，保证意念运动的循环不断。

3. 易犯错误与纠正方法

该势动作是在蹲丹田的基础上发展而来，其基本身法与蹲丹田完全一致，故容易出现的主要错误也基本相同。如出现下蹲时双脚分开、后撅臀部、没有拔背、三尖不齐、前后左右晃动、身体僵化、膝盖疼痛等错误时，可参照蹲丹田的纠正方法进行改正，这里不再赘述。

除上述易犯错误外本势还容易出现以下错误：

（1）手臂运动的速度与束身、展身的配合协调不一致。如有人束身先到位，手没有到位；有人会出现展身先到位，手没有完成动作。由于本势手臂动作最为复杂，对协调性要求比较高，初学者可分解练习。可先进行双手的练习，将注意力完全放在手上，熟练后，再单独熟练蹲丹田动作，然后再结合练习，逐步调整到协调一致。此外，应将手臂与束、展的动作速率区别开来，容易实现协调一致。展身时手臂相对容易配合，只需注意曲于胸腹前手臂的伸展与身法的配合即可；束身时手臂动作较多，手臂动作要快于束身动作，才能使手臂与束身同步完成，形成协调配合。

（2）束身时双肘内夹过于用力，导致身体紧张。双肘的内夹不可过度用力，应用意不用力。

4. 拳理

该势中口似洞口，丹田似洞窝，手臂如灵蛇，反复伸缩、吞吐，如灵蛇进洞、出洞，故该式称“引气法”。该式动作，双手一直在体前反复做弧形运动，像在腹前滚球，故又称“狮子挎球”或“倒轮手”。通过手的反复吞吐，加强了动作与气息的配合，身体的束、展，摩擦内脏，疏通任督二脉，推动了气血的运转，促进了丹田能量的凝聚。

扫码看视频

第九势　童子拜观音

1. 动作

起势：双脚并行站立，脚尖与脚跟贴紧；目光平视，下颌微收；双手抱丹田。（图4–102）

图4–102

一动：双手由抱丹田变腹前合掌，丹田后滚带动束身。束身同时手臂完成如下动作，屈肘向前上抬前臂，手掌也弧形挑起变立掌（图4–103），双掌尖达到肩部高度时，屈肘逐渐下落双手，约落至腹前时，双手分开下摆至大腿前侧，手心朝向身体。（图4–104）

图4–103

图4–104

二动：双手臂继续外摆，向两侧打开、上托，同时双脚脚趾抓地，身体做展身动作，双腿渐渐随展身完毕而蹬直（图4–105）。当手在体侧慢慢上举过头顶时，带动肩胛骨上提，牵拉脊柱（图4–106），直至双手合掌，意念内视百会穴（图4–107）。在举手过程中要用口慢慢把气全部呼出，呼吸要均匀细长。

图4–105

图4–106

图4–107

三动：束身落手。双手头上合掌，屈肘沿中线徐徐下落至腹部前，同时慢慢吸气，进入丹田（图4–108、图4–109）。手下落同时慢慢下蹲屈膝，仰头、抱肩、含胸、裹胯、提肛、翘脚趾。

图4–108

图4–109

四动：双手在腹前分开，由体侧上举，用口将气慢慢呼出（图4–110）。十脚趾抓地做展身动作，开始向上发力，直膝，立胯，百会向上顶起，直至伸直。身体立直时双手同时在头顶合掌，呼气完毕。（图4–111）

图4–110

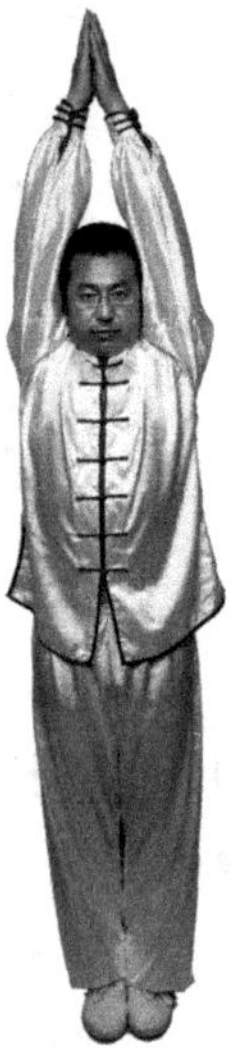

图4–111

然后再束身落手，重复第三动。如此配合呼吸和意念，循环束、展9次。

在第9次结束时由束身姿势（图4–112）变展身动作，两手前卷，成抱丹田姿势，恢复成起始姿态。（图4–113）

至此，全套养生功法结束。

图4-112

图4-113

2. 要点

（1）初学者应感受手的运动是由腰胯带动的。随着练习次数的增多，会逐步体会到丹田的转动带动周身的运动。

（2）呼吸为鼻吸口吐，采用顺腹式呼吸，要均匀细长。吸气时觉气入丹田，吐气时舌尖由抵上腭向后卷，变轻抵口腔上壁，微张口呼气。注意此势的呼吸与第一势完全相反，展身抬手呼气，束身落手吸气。

（3）该势束身和展身时头部、躯干和腿部的形态要求与蹲丹田完全一致，前文提到的“三尖一线”“裹胯”“抱肩”“含胸拔背”“连绵不断”等动作要点也完全一致。

3. 易犯错误与纠正方法

该势动作是在蹲丹田的基础上发展而来，其基本身法与蹲丹田完全一致，故容易出现的主要错误也基本相同。如出现下蹲时双脚分开、后撅臀部、没有拔背、三尖不齐、前后左右晃动、身体僵化、膝盖疼痛等错误时，可参照蹲丹田的纠正方法进行改正，这里不再赘述。

（1）呼吸与第一势混淆。这一势动作呼吸与第一势相反，展身抬手为呼，束身落手为吸。

（2）手的起降与丹田翻滚配合不一致。初学者应在练习中强调腰胯对手的带动，逐步感受丹田对手的带动。

4. 拳理

该动作要求双手在体前合十，徐徐下降，像拜佛一样，故称“童子拜观音”。双手由两侧上举，需要肩部肌肉收缩，挤压肩井穴；肩胛骨上提、内夹，能够带动脊柱向上拉伸，还会刺激大椎穴和肺俞穴，起到梳理督脉和肺经的作用。伴随着呼吸吐纳、提肛、裹胯等动作的练习，对呼吸系统、泌尿、生殖系统都有一定的锻炼和保健作用。双手沿身体中线徐徐下降是引导意念和气血由上而下归于丹田。本势动作呼吸采用束身吸气，展身呼气，与第一势吐故纳新的呼吸形成反向对应，具有九九归一、还原之意。第一势是为了尽快吐出废气，吸入新鲜空气，为开始练功或活动做好准备；最后一势则是利用丹田的鼓荡，进一步激发丹田，并将练得的能量储存于丹田，逐渐为周天循环集聚能量。正是因为最后一势具有收功的作用，因此在分解练习时，每当我们想要结束练习时，都应做几次“童子拜观音”，将练得的能量收聚于丹田，提高我们练功的效果。

扫码看视频

扫码看视频

参考文献

[1] 董义全. 祁县戴氏心意拳[M]. 太原：山西人民出版社，2016.

[2] 王毅. 戴氏心意拳功理秘技[M]. 北京：北京科学技术出版社，2017.

[3] 王喜成. 王映海传戴氏心意拳精要[M]. 北京：北京科学技术出版社，2017.

[4] 付国兵，戴晓辉. 振腹推拿[M]. 北京：北京中国科学技术出版社，2018.

[5] 李谨伯. 呼吸之间（增订版）[M]. 北京：华夏出版社，2013.

[6] 杨定一. 真原医[M]. 中国台北：天下生活出版股份有限公司，2018.

[7] 孙禄堂. 孙禄堂武学录[M]. 北京：人民体育出版社，2001.

[8] 关春芳. 登上健康快车[M]. 北京：北京出版社，2002.

[9] 程克锦. 达摩古法易筋经洗髓经[M]. 四川：成都时代出版社，2014.

[10] 严蔚冰. 达摩易筋经[M]. 上海：上海古籍出版社，2009.

[11] 李少波原著，李天晓编整. 李少波真气运行法［M］. 北京：中国中医药出版社，2010.

[12] 王泽文，王锡宁. 腹脑研究概况［J］. 科技信息，2008，6.

[13] 温建民，叶建新. 趁着年轻养脊柱［M］. 南京：江苏科学技术出版社，2016.

[14] 尹协理. 傅山书法——新发现的傅山手札［J］. http://www.sibaohui.cn/2017/Collection_0421/5104.html.

[15] 侯文正. 傅山传［M］. 太原：山西古籍出版社，2007.

[16] 白谦慎. 关于傅山研究的一些问题［J］. 文物世界——纪念傅山诞辰400周年国际学术研讨会专辑文集，2007，6：39-43.

[17] 钟士元. 脊柱相关疾病治疗学［M］. 广州：广东技术出版社，2011.

[18] 王瑞元，苏全生. 运动生理学［M］. 北京：人民体育出版社，2012.

后　记

随着社会的发展与变迁，传统武术的发展也迎来了一个全新的时代，多种健身手段广泛流传，各种技击术深度交流，人们可选择的运动和娱乐方式越来越多。如何让传统武术永葆青春，健康地发展下去，传承好、弘扬好我们的文化瑰宝，成为武术发展的重要课题。

戴氏心意拳理论深邃，技击和养生作用十分突出，是我国著名拳种，于2011年被评为“国家非物质文化遗产”。本人在练习戴氏心意养生功法后，感受良多，受益颇深，认为其极具社会推广价值，故将此经典部分作为选题，形成文字。一方面方便传播，方便初学者学习、练习养生功法；另一方面也希望通过这种方式弘扬戴氏心意拳的部分精髓，弘扬传统武术的养生文化，让更多的人受益。未来中国将快速进入老龄化社会，面临着未富先老、养老成本暴增等社会问题，传播和弘扬优秀养生功法，将有助于缓解老龄化带来的社会矛盾，给更多的人带去幸福与安康，助力健康中国。

本书力求原原本本地记述下穆金桥师父传授的练习方法，引用了中医理论、道家丹道理论、现代生理学、解剖学和戴氏心意拳拳谱中的诸多理论来解释其健身原理，让更多初学者理解其健身作用，激发其练习热情。希望练习者能从中获得启发，有所感悟，更好地理解这种神秘而又简单的健身、养生之术。

本书的撰写得到了师父——国家级非物质文化遗产传承人穆金桥先生的大力支持，师父口述了动作要领、练习方法等重要内容。同时还得到了冀哲、戴传起、罗曼、郭桂军等众多师兄弟的鼎力相助，为此深表感谢！

书中图片由中央财经大学文化与传媒学院视觉传达专业2016级学生姜雨菲同学协助绘画、处理，对此深表感谢！

本书的出版获得了中央财经大学著作出版资助，为“中央高校基本科研业务费专项资金资助项目”。

由于本人水平有限，书中的论述若有不当之处，请各位武术同仁予以斧正，本人亦将不胜感激！在探索真理的道路上，从来都是在不断的试错和纠正中完成的，愿意为武术理论的系统化、科学化发展共同努力！